FREIZEIT(EN)

Liebe Leserinnen und Leser,

Lars Charbonnier,
PGP-Schriftleiter

Gott nimmt sich Freizeit – so stellt unser Autor Jörg Schneider in seinen biblischen Erkundungen zum Thema Freizeit aufgrund der Schöpfungserzählung fest. Selbst wenn das Wort nicht fällt, das Thema dahinter wird in der Bibel deutlich erkennbar: Wie gestaltet der Mensch seine Lebenszeit? Wie teilt er sie ein, nach welchen Zwecken, mit welchen Ansprüchen? Und warum stellt er sich diese Fragen immer erst dann, wenn die Balance verloren geht? Und warum merkt er das immer so spät? Womit wir in der Urlaubszeit gelandet wären …

Dieses Heft nimmt ein schillerndes Thema in den Blick: Freizeit und Freizeiten. Es begibt sich hinein in die scheinbaren Selbstverständlichkeiten und fragwürdigen Ambivalenzen, die gerade die Kirche und ihre pädagogischen Handlungsfelder betreffen: Wie können gute Freizeitangebote, wie können gar gute Freizeiten gestaltet werden? Was bedeutet es in der heutigen Gesellschaft und mit den heutigen Menschen Freizeitanbieter auf einem umkämpften Markt zu sein? Wie gehen Hauptamtliche damit um, dass sie vor allem für die Freizeit und zeitlich in der Freizeitgestaltung der Menschen arbeiten? Und warum arbeiten Menschen freiwillig in ihrer Freizeit, gerade auch in der Kirche? All diese Fragen und noch mehr werden in unseren Beiträgen gestellt. Praxisbeispiele sind wie gewohnt ebenso vertreten wie Hintergrundinformationen und reflektierte Erfahrungsberichte. Und wie so oft in den PGP-Heften bietet es sich an, die Texte selbst als Quellen und Material in der gemeindepädagogischen Praxis zu verwenden – schauen Sie doch mal, wie das funktioniert, und schreiben Sie uns von Ihren Erfahrungen!

In der beruflichen Weiterbildung nehme ich wahr, dass Zeit- und Selbstmanagement wieder zu den großen Weiterbildungs-Bedürfnissen zählen. Nicht selten spielen leistungsorientierte Optimierungs- und Effizienzvorstellungen eine Rolle, selten aber tragen sie zur Lösung bei. Einen gesunden Umgang mit der eigenen Lebenszeit zu entwickeln, verstehe ich auch als eine spirituelle, religionspädagogische Aufgabe. Sie immer wieder auch bewusst zu bearbeiten und selbst in gottesdienstlichen Zusammenhängen – oder gerade dort – ins Bewusstsein zu rufen, scheint mir deshalb wichtig. Alles hat seine Zeit, so lehrt uns der Prediger, und seine Konsequenz können wir als freie Christenmenschen gern fröhlich leben: „Er hat alles schön gemacht zu seiner Zeit, auch hat er die Ewigkeit in ihr Herz gelegt; nur dass der Mensch nicht ergründen kann das Werk, das Gott tut, weder Anfang noch Ende. Da merkte ich, dass es nichts Besseres dabei gibt als fröhlich sein und sich gütlich tun in seinem Leben." (Koh 3,11f.)

Möge das auch Ihre Sommer(frei)zeiten prägen!

Von der Freizeit eines Christenmenschen

Michael Lehmann

Zeit ist da. Ein ganzes Leben. Und – wer weiß – vielleicht werden wir uralt?

Dennoch hetzen wir durch unsere Tage, scheint uns die Zeit knapp, unser Alltag bedrängt, das Leben schnell, *als flögen wir davon*. Zeit ist da, ja, aber wie viel davon steht zu unserer freien Verfügung, ist Frei-Zeit?

In Zeiten knapper Ressourcen sind die Optimierer gefragt. Werbeleute etwa, die einst für ein Bundesland die Textmarke *Wir stehen früher auf* entwickelten – toll, die Tage werden länger, denn sie beginnen eher. Oder die Verfechter der Sommerzeit – wiederum hurra, die Tage werden länger, denn sie enden später. Als könne der Mensch den Tagen auch nur *eine Elle zusetzen*. Andere Optimierer setzen auf eine effizientere Ausbeutung der Ressource Zeit. Weiterbildungen im Zeitmanagement boomen. Wir lernen und hoffen auf Zeitgewinn. Und fühlen uns bereits wieder gehetzt.

Zeit ist da. Ja, aber offenbar ist sie verplant, gebunden, unfrei – eben keine Freizeit. Doch was ist Freizeit? Und wie nennen wir die anderen Phasen des Tages, bevor die Freizeit beginnt und nachdem sie aufgehört hat? Arbeit? Eine seltsame Alternative. Und eine noch seltsamere Konkurrenz.

Oder geht es um den Gegensatz von fremd- und selbstbestimmter Zeit? Dann wäre Freizeit dazu da, alle Fremdbestimmung aufzuheben und zu heilen? Wer ist nicht schon einmal angesichts des Wunsches *Ich wünsche dir Zeit für dich* zusammengezuckt? Hilfe, was muss ich tun, damit mir nicht schon wieder der Stress im Gesicht geschrieben steht? So wird unversehens auch Freizeit zum Ort der Leistungserbringung: Wir biken, joggen, gärtnern, heimwerkeln, reisen, handarbeiten, spielen ... Das gefällt auch der Freizeitindustrie, die mit immer neuen Freizeitaktivitäten kluge Kundenbindung betreibt. Ist es nicht ein erstaunliches Zeichen unserer Verführbarkeit, dass wir uns neben der Arbeitszeit auch die Freizeit verkaufen lassen – und das für Selbstbestimmung halten?

Auch der Begriff „Work-Life-Balance" hilft nicht weiter. Tückisch an ihm ist die Unterstellung, Arbeit finde außerhalb des eigentlichen

Lebens statt, als gehöre die Arbeit nicht zum Leben und als sei das Leben nur ohne Arbeit wirkliches Leben. Und als stehe beides in Konkurrenz zueinander.

Was wäre denn dann mit denen, die nicht arbeiten – haben sie überhaupt etwas, das wir Freizeit nennen? Und was mit denen, die bis zum Umfallen arbeiten – verfehlen sie ihr Leben, weil es mit wenig Freizeit auskommen muss? Was ist mit denen, die in Familien für die Kinder oder für die Alten da sind – versagen wir ihnen die Anerkennung, welche die Gesellschaft für die Arbeitenden bereithält? Oder zwingen wir sie zu dem Bekenntnis, das, was sie anderen zuliebe tun, täten sie doch in Wirklichkeit für sich selbst, selbstbestimmt, in ihrer Freizeit?

Lebensmodelle, die Arbeit und Freizeit konkurrent gegenüberstellen, erklären wenig und nützen noch weniger. Luther löst in seiner Schrift *Von der Freiheit eines Christenmenschen* die Konkurrenz von Freiheit und Dienstbarkeit auf: *1. Ein Christenmensch ist ein freier Herr über alle Dinge und niemand untertan. / 2. Ein Christenmensch ist ein dienstbarer Knecht aller Dinge und jedermann untertan.* Denn ein Christenmensch sei schließlich und ausschließlich *in Christo durch den Glauben, im Nächsten durch die Liebe.*

Wenn wir die Konkurrenz zwischen Arbeit und Freizeit aufgeben, entstehen weite Räume: Da wird Platz für Ehrenamt und für Familie, für Freundschaft und für Zuwendung. Da wird Platz für Glauben und für Liebe. Genau hier breitet sich das Arbeitsfeld der Kirche aus.

Wäre das nicht eine wunderbare Haltung für uns Christen, mehr noch: für alle Äußerungen unserer Gemeinden und unserer Arbeit? Wir nähmen die Menschen, gleich ob sie arbeiteten oder ruhten, in ihrer Ganzheit in den liebevollen Blick. Wir wären für alle da: auch für die, die nicht arbeiten können, für die, die zu viel arbeiten müssen, und für die, die ihre Kraft der Erziehung oder der Pflege widmen.

Zeit ist da. Ein ganzes Leben. Zeit, die wir alle aus Gottes Hand empfangen. Zeit, in der wir frei sind, *unseren Nächsten zu lieben wie uns selbst.*

Michael Lehmann ist Personaldezernent der Evangelischen Kirche in Mitteldeutschland.

Freizeit

Ayaan Güls

Freizeit – was ist das?

Ein Geschenk des Himmels? Das Resultat harter Gewerkschaftsverhandlungen? Der Lohn für Arbeit, Fleiß und Leistung? Oder der Fluch der Arbeitslosen? Von dieser erzwungenen, erkämpften, verdienten und geschenkten Zeit gab es noch nie so viel wie jetzt, Tendenz steigend. Denn in Zukunft werden die meisten Menschen in ihrem Leben weniger arbeiten und mehr *freizeiten*. Auf den ersten Blick entsteht das Bild einer geradezu dramatischen Freizeitrevolution: Von 60 Stunden pro Woche um 1900 über die 50-Stunden-Woche in den 1950er Jahren bis zu der heutigen Spannbreite zwischen 35 und 40 Stunden wurde die Arbeitszeit immer mehr verringert. Doch hält die wahrgenommene Freizeitvermehrung Schritt mit der objektiv feststellbaren Arbeitszeitverkürzung? Trotz deutlicher Arbeitszeitverkürzungen in den letzten Jahrzehnten wächst das subjektive Gefühl, über zu wenig (Frei-)Zeit zu verfügen. Denn mit dem Verlassen des Arbeitsplatzes hat für die Berufstätigen die Freizeit noch nicht begonnen. Die Freizeitrevolution ist im subjektiven Bewusstsein der meisten Arbeitnehmer nicht angekommen. Die in der öffentlichen Meinung vorherrschende

These von der dramatischen Freizeitvermehrung findet keine Entsprechung im subjektiven Erleben der Bevölkerung. Freizeit ist und bleibt auch in Zukunft eine kostbare Ressource – im privaten Leben genauso wie im Berufsalltag. Eine aktuelle Analyse der Zeitverwendung der Bürger kommt zu folgenden Ergebnissen für Berufstätige:

- Die *Jahres*-Arbeitszeit (bei Vollbeschäftigung) umfasst mit 1.701 Stunden lediglich rund 19 Prozent der gesamten Stundenzahl von 1. Januar bis 31. Dezember.
- Ein knappes Drittel des *Jahres* (2.606 Stunden) dient dem *Schlaf* und
- weitere 21 Prozent des *Jahres*-Zeitbudgets (1.862 Stunden) widmen die Bürger der sogenannten *Obligationszeit* – diese umfasst etwa Wegezeiten, die Hausarbeit oder das Einkaufen.
- Was bleibt, ist jener Teil des gesamten Zeitbudgets, der sich über die *Freiwilligkeit* definiert. In diesem Sinne ist *Freizeit* jene Zeit, in der man etwas tut, ohne es tun zu müssen. Diese *Dispositionszeit* beträgt bei einem Berufstätigen im Durchschnitt 2.591 Stunden pro Jahr (29,6 %).

**Zeit für Freizeit: Familien haben deutlich
weniger, Ruheständler deutlich mehr**

Betrachtet man die freie Zeit etwas genauer, bleiben an einem Werktag im Bundesdurchschnitt gerade mal drei Stunden und sechsundfünfzig Minuten für eben jene Zeit, in der man tun und lassen kann, was man möchte. Hierbei sind zahlreiche Unterschiede nachweisbar: Während bei Männern und Frauen der Unterschied nur zwei Minuten beträgt, haben Paare ohne Kinder im Haushalt eine Stunde mehr als Paare mit Kindern. Die mittlere Generation befindet sich in der Rushhour des Lebens: Arbeit, Kinder und häufig auch die Pflege der Eltern. Da bleibt wenig Zeit für Freizeit. Auffällig ist auch, dass die Freizeit von Jugendlichen immer weiter abgenommen hat. Sicherlich sind hierfür u.a. die Einführung des Abiturs nach zwölf Schuljahren und das Angebot von Ganztagsschulen mitverantwortlich. Hinzukommt aber auch die steigende Anzahl von (Pflicht-)Terminen wie Nachhilfe, Vereinssport oder Musikunterricht.

Die Mehrheit der Bundesbürger empfindet drei Stunden und sechsundfünfzig Minuten als zu wenig Freizeit. Woran liegt das? Erstens gibt es unend-lich viele Möglichkeiten, die Zeit zu verleben, und ein Ende der Angebotssteigerung ist nicht in Sicht. Und zweitens haben viele Bürger den Wunsch – ja vielleicht sogar den Druck –, möglichst viel in der verfügbaren Zeit schaffen zu müssen. In Zeitnot reagieren die meisten pragmatisch und verkürzen die Dauer der Aktivitäten oder kombinieren sie miteinander. So wird der Besuch von Freunden mit dem Abendessen kombiniert oder der Haushalt vor dem Fernseher erledigt. Auf diese Weise lässt sich Zeit (anscheinend) sparen. Hinzu kommt, dass kaum noch eine Aktivität länger als zwei Stunden dauert – vom Fernsehabend über den Sport bis hin zum Theater- oder Kinobesuch. Der Preis für diese Schnelllebigkeit ist oft Oberflächlichkeit – für eine länger dauernde Beschäftigung nimmt man sich nur noch selten Zeit.

Was ist für die Zukunft zu erwarten? Viele werden sich zukünftig öfter bewusst zurückziehen, Aktivitäten reduzieren und absichtlich Dinge verpassen. Denn nur so kann man dem Freizeitstress begegnen und es kann Freizeit wieder zur „freien" Zeit werden.

➜

Wünsche für das zukünftige Freizeitleben

Spontanität, Erholung und Zeit, um gemeinsam mit Freunden oder der Familie etwas zu unternehmen – so lauten die häufigsten Wünsche zur Freizeitgestaltung der Bundesbürger. Ungeplante Aktivitäten stehen hierbei ganz oben auf der Wunschliste und sind offenbaren ein Defizit in der Gegenwart. Der Alltag der meisten Bundesbürger ist durchstrukturiert und gleicht nicht selten einer Stress-Rallye von einem Termin zum nächsten. Oftmals fehlt dann die Zeit für eine spontane Verabredung, einen Museumsbesuch oder auch nur einen Kaffee mit dem Nachbarn. Stark nachgeordnet ist dagegen der Wunsch nach (noch) häufigerem Medienkonsum. So würde etwa nur jeder vierte Deutsche in der Freizeit gerne öfter den Computer nutzen oder im Internet surfen. Auch der Zukunftswunsch nach häufigerem Telefonieren oder Fernsehen hält sich in sehr überschaubaren Grenzen.

Weshalb aber schafft es kaum jemand in seiner Freizeit genau das zu tun, was wirklich gewollt ist? Ist es Bequemlichkeit oder Routine? Liegt es an den fehlenden Freizeitangeboten oder dem fehlenden Partner? Oder ist es die Angst, etwas zu verpassen und dann am kommenden Tag nicht mitreden zu können?

Zweifellos ist es gesellschaftlich anerkannt, sogar gern gesehen, ständig verplant oder zumindest schwer beschäftigt zu sein. Wer spontan Zeit hat, wird im ersten Moment zwar beneidet, ist auf den zweiten Blick aber auch ein wenig suspekt.

Dennoch ist es sinnvoll und ratsam, den Rund-um-die-Uhr-beschäftigt-Kreislauf zu durchbrechen – zumindest hin und wieder einmal. Vielleicht sollte man auch einfach öfter sein eigenes Bedürfnis nach Nichtstun in den Terminkalender eintragen. Denn jeder benötigt hin und wieder diese Pausen von den Verheißungen der Multioptionsgesellschaft – für seine Gesundheit, seine sozialen Beziehungen, sich selbst. Der Nutzen dieser Zeit sollte nicht mit Aktivität oder gar Produktivität verwechselt werden, sondern steht für die individuelle Verwendung der Zeit – eine Eigenzeit, in der man zu sich selbst kommt, Ruhe findet, bewusst nicht an die Folgetermine denkt und vielleicht sogar einmal die Zeit vergisst, kurzum: die unstrukturierte Zeit genießt. Wer dies schafft, der wird am ehesten die Zeit finden, die sich so viele wünschen.

Einem amerikanischen Sprichwort zufolge liegt der Unterschied zwischen Existieren und Leben übrigens im Gebrauch der Freizeit. Vielleicht sollte man sich daher öfter trauen, in der freien Zeit auch tatsächlich genau das zu tun, was man wirklich möchte, und sich nicht hinter Routine, Antriebsschwäche und Konventionen verstecken.

Ayaan Güls ist Pressesprecherin der Stiftung für Zukunftsfragen in Hamburg.

„Freizeit" –
negativ, positiv, oder wie?

Lars Charbonnier

Was ist Freizeit? Zeit, die ich frei gestalten kann, wird bei den meisten die erste Reaktion sein. Was ist dann Erziehungszeit oder Pflegezeit? Was ist mit Trainingszeiten, mit Probe- und Aufführungszeiten? Ganz so einfach ist das also nicht. Es ist die Zeit, die nicht durch Erwerbsarbeit besetzt ist, wäre vielleicht angemessener. Haben Rentnerinnen deshalb nur Freizeit?

Freizeit negativ oder positiv

Die Freizeitforschung unterscheidet klassisch zwischen negativer und positiver Freizeitdefinition: In der negativen Freizeitdefinition wird Freizeit als Differenz verstanden, die nach der Arbeit und fester Zeiteinteilung noch verbleibt. Freizeit ist im Prinzip Restzeit, Zeit nach der Arbeit. Diese negative Freizeitdefinition, die – wenig überraschend – seit der ersten Hälfte des 20. Jahrhunderts in der Forschung verwendet wird, hat den Vorteil, dass sie sich nicht nur problemlos in das dominante Wertesystem moderner Gesellschaften integriert, sondern forschungspragmatisch auch scheinbar einfach zu operationalisieren ist. Die wesentliche Annahme dazu ist, dass Arbeit ein eindeutiger Begriff ist, von dem her sich Freizeit als Rest bestimmen lasse. Das aber ist mitnichten so. Selbst die Engführung auf die direkte Erwerbsarbeit ist nicht problemlos, ist doch auch diese nicht trennscharf eindeutig zu bestimmen, da es verschiedene Arten von Erwerbsarbeit gibt (Normalarbeitszeit, Schwarzarbeit, Nebenarbeit, freiwillige und unfreiwillige Überstunden) und darüber hinaus verschiedene Gruppen von Erwerbstätigen nicht über klar festgelegte und somit messbare Arbeitszeiten verfügen (Selbständige, Pfarre-

rinnen, freie Berufe u.a.). Hinzu kommt, dass Gruppen nicht berücksichtigt werden, die mehr oder weniger reine Freizeitgruppen sind, das heißt, die keine Arbeit im angesprochenen Sinne haben, z.B. Kinder und Jugendliche, Hausmänner und -frauen, Arbeitslose oder Ruheständlerinnen.

Der positive Freizeitbegriff versucht es genau andersherum: Freizeit wird jenseits der Zeitperspektive qualitativ als eigenständiges soziales Handlungs- und Orientierungssystem verstanden. Freizeit wird so zu einer Sphäre des Lebens, die sich nicht mehr alleine negativ von Arbeit abgrenzen lässt, sondern eigene Charakteristika aufweist. Freizeit kommt in den Blick als Lebensraum, in dem die einzelne bestimmen kann, was sie tun möchte. Diese Sicht auf Freizeit kommt in unterschiedlichen Varianten vor. Besonders prominent sind Definitionen, die Freizeit explizit in Beziehung zu individuellen Wahl- und Handlungsmöglichkeiten sowie individuellen Motivationen der Menschen setzen. Welche Probleme ergeben sich mit dieser Perspektive? Auch hier besteht die Neigung zu einer Unschärfe, die inhaltlich begründet ist: Die Bestimmung des Gehaltes von Begriffen wie Wahl, Selbstverwirklichung, Freiheit oder Befriedigung ist ebenfalls schwierig. Und auch die Bewertung des Begriffs kann problematisch werden, wie bei der idealistischen Erhöhung von Arbeit kann es zu einer idealistischen Überhöhung von Freizeit kommen. Denn es wird in den positiven Freizeitdefinitionen angenommen, dass im Bereich der Freizeit Verhaltensmuster zutage treten, die sich qualitativ von anderen, insbesondere denen der Arbeit unterscheiden. Hier gerät Freizeit z.B. in seiner sozialen Hygiene- und Ausgleichsfunktion in den Blick. Mit diesen Annahmen ist aber auch schnell der Begriff Arbeit oder Erwerbszeit →

aus der Lebenszeit ausgegrenzt und bekommt eine negative Wertigkeit, die ebenfalls für die meisten Menschen nicht unbedingt dem eigenen Erleben entspricht.

Das Lebenszeit-Modell nach Opaschowski

Auf der Basis des Wandels der Arbeits- und Leistungsethik in der Moderne spricht der renommierte Freizeitforscher Horst Opaschowski statt von Arbeit und Freizeit von Lebenszeit, die für ihn charakterisiert ist durch mehr oder weniger große individuelle Dispositionsfreiheit und Entscheidungskompetenz. Opaschowski knüpft dabei durchaus an den positiven Freizeitbegriff an und unterscheidet je nach vorhandenem Grad an freier Verfügbarkeit über Zeit und unterschiedlich großer Wahl-, Entscheidungs- und Handlungsfreiheit drei Zeitabschnitte innerhalb der Lebenszeit:

1. Die frei verfügbare und selbstbestimmbare *Dispositionszeit*: Das Hauptkennzeichen dieser Zeitdimension ist die uneingeschränkte Selbstbestimmung. Das Individuum verfügt über selbst- und mitbestimmbare Zeitabschnitte, also im üblichen Sinn Freizeit. Charakteristisch für diese Dimension sind Zeiteinteilung, Freiwilligkeit, Zwanglosigkeit, Wahl-, Entscheidungs- und Initiativmöglichkeit.
2. Die verpflichtende, bindende und verbindliche *Obligationszeit*: Ihr Hauptmerkmal ist die Zweckbestimmung. In dieser Dimension besteht ein starkes Gefühl der Verpflichtung zu bestimmten Tätigkeiten, etwa aus familiären, beruflichen, sozialen und gesellschaftlichen Motiven. Als Beispiele seien genannt familiäre Pflichten wie das Einkaufen von Lebensmitteln, das Säubern des Wohnumfeldes oder Kinderbetreuung sowie Tätigkeiten im sozialen Bereich und freiwilliges Engagement, etwa in einer Gemeinde oder in einem Verein.
3. Die festgelegte, fremdbestimmte und abhängige *Determinationszeit*: Das Individuum wird zu einer Tätigkeit „gezwungen" bzw. in der Ausübung der Tätigkeit räumlich, zeitlich und inhaltlich festgelegt. Hierzu gehören etwa Erwerbsarbeit, Schule, Ausbildung, sehr streng formalisierte Rituale und durchaus auch bestimmte Aspekte des Familienlebens.

Die geschichtliche Entwicklung des Freizeitbegriffs

Der Bedeutungswandel und die weiterhin bestehende Vieldeutigkeit des Freizeitbegriffs lassen sich natürlich historisch nachvollziehen. Dabei steht auch hier die Unterscheidung von Arbeits- und Nichtarbeitszeit zunächst im Vordergrund: So gab es bereits in der Antike und in den alten Agrargesellschaften Ruhe-, Fest- und Feiertage, die zeitlich gesehen teilweise sogar die Hälfte des Jahres ausmachten. In der aristokratischen Gesellschaft der Hellenen mussten Sklaven die Arbeit verrichten, damit freie Bürger sich der Politik und Kunst widmen konnten. In Europa war im 13. Jahrhundert für einige Berufe die Nacht- und Sonntagsarbeit verboten. Handwerker z.B. bekamen zusätzlich zu den 141 Ruhetagen 30 weitere Tage zugesprochen, die vorwiegend kirchliche Bedeutung hatten. Ab dem 15. Jahrhundert nahm die Anzahl der Ruhetage jedoch stetig ab. In dieser Zeit waren Arbeitsplatz und Ort der Freizeit noch nicht deutlich voneinander getrennt, da oft auch die Wohnung zugleich Arbeitsstätte war. In Europa wurden dann mit Beginn der Industrialisierung Arbeitszeit und Freizeit zunehmend räumlich, inhaltlich und mental voneinander getrennt. Der neue Ort der Arbeit vieler, die Fabrik, wurde hier prägend. Der Trend, dass viele Menschen immer mehr Zeit für die Arbeit aufbringen mussten, um ihre materiellen Bedürfnisse zu befriedigen, setzte sich fort. Ein Arbeiter war nicht selten 52 Wochen im Jahr bei 16 Stunden am Tag tätig. Außerdem führte die Konzentration der Arbeit auf bestimmte Produktionsstätten und eine zunehmende Verstädterung zu einem Überangebot an Arbeitskräften und damit zugleich zu sinkenden Löhnen. Die in dieser Situation noch verbleibende Zeit musste von den Arbeitern zur Erholung im Sinne der Wiederherstellung ihrer Arbeitskraft genutzt werden. Von Freizeit wurde erstmals Anfang des 19. Jahrhunderts in wohlhabenden Familien gesprochen, und gemeint war die Zeit, die Kinder mit Vergnügungen und zweckfreier Beschäftigung verbrachten.

Freizeit ist in unserem Kontext demnach das Ergebnis der technologischen, ökonomischen und kulturellen Wandlungen des 19. Jahrhunderts, insbesondere der rationalen Arbeitsorganisation und der Trennung von Arbeits- und Familienleben und damit auch von Arbeitszeit und arbeitsfreier Zeit. Es lässt sich dann eine sich stetig wandelnde Hauptcharakteristik von Freizeit seit den 1950er Jahren bis heute feststellen. Während bis zur Mitte des 20. Jahrhunderts die Freizeit vor allem zur Erholung von der Arbeitstätigkeit diente, verschob sich auch der Schwerpunkt der Freizeitbeschäftigung hin zur Familie. Durch das Aufkommen der neuen Medien, insbesondere des Fernsehens, war sie seit den 1960er Jahren zunehmend konsumorientiert. In den 1980er Jahren wurde die Freizeit vor allem für gemeinsame Erlebnisse genutzt, in den 1990er Jahren verstärkt für Ruhe und Entspannung. Heute ist Freizeit auch ein wesentlicher Bereich der Selbstinszenierung.

Literatur

Bornemann, Andreas: **Freizeitgestaltung im Wandel** – eine exemplarische Studie zur Freizeitgestaltung von Jugendlichen vor dem Hintergrund der gesellschaftlichen Entwicklung, Halle 2014, <https://core.ac.uk/download/pdf/33991847.pdf>.

Opaschowski, Horst W.: **Einführung in die Freizeitwissenschaft**, Opladen (Leske und Budrich) [5]2008.

Dr. Lars Charbonnier ist Studienleiter an der Führungsakademie für Kirche und Diakonie in Berlin und Schriftleiter der PGP. In seiner Freizeit geht er gern lange laufen.

Generation Y und ihr Freizeitverhalten

„Work-Life-Blending" – wenn Freizeit und Arbeitszeit verschmelzen

Eveline Irowitzsch

Generation Y

Vertrauensarbeitszeit, Zeitsouveränität, Arbeitszeit ist Lebenszeit, Höchstarbeitszeitregelung … klingen diese Worte in ihren Ohren fremd? Dann gehören sie mit ziemlich großer Wahrscheinlichkeit nicht der Generation Y an. Einiges ist inzwischen zu lesen über diese Gruppe der Millenials oder Digital Natives, wie man die zwischen 1980 und 1995 Geborenen auch nennt. Über den Generationenbegriff wird viel diskutiert und berechtigt stellen wir Anfragen an das Einsortieren von Menschen in Geburtenjahrgänge zu einer Zeit, in der Heterogenität im Fokus der Gesellschaft steht.

Dennoch bleibt festzustellen, dass Angehörige einer Altersstufe von bestimmten Umständen, ähnlichen Werten, Entwicklungen, sozialen Orientierungen und eben auch Freizeitauffassungen einer Gesellschaft beeinflusst werden. „Denn es kommt nicht auf die Jahrgänge an, sondern auf die Beschreibung jeweils neuer Merkmale, die man in der Lebenswelt entdeckt und die vielleicht auf viele, sicher nicht auf alle Menschen einer Altersgruppe prägend wirken." (Haller 2015, 23) Der Generation Y widmeten die Eltern wesentlich mehr Zeit, als sie selbst von ihren erhielten. Die Ypsiloner, wie man sie auch nennt, wachsen dagegen als „Mini Princess" oder „Prince" in einer Welt der Multioptionalität auf. Schon in ihrer Freizeit als Kind mussten sie sich entscheiden zwischen Lego und Playmobil, Playstation und Gameboy, zwischen Link und Spyro. Ihr Leben ist von Beginn an keine Biographie, sondern eine Multigraphie als „Superstar" ihrer Eltern.

Arbeitszeit ist Lebenszeit

Grundsätzlich fließen Freizeit und Arbeitszeit für Generation Y ineinander. Es geht um Work-Life-Blending, die Verschmelzung von Arbeitszeit und Lebenszeit. Denn sie verspüren keine Lust mehr, im Hamsterrad um die Wette zu laufen wie noch ihre Eltern, um mit fünfzig im Burn-out zu landen. Deshalb kämpfen sie um eine Höchstarbeitszeitregelung: „Wir wollen nicht erst nach 17.00 Uhr mit dem glücklichen Teil des Lebens anfangen." (Burkhart 2016, 226)

Das bedeutet allerdings nicht, dass der Leistungswille zugunsten der Freizeit verloren geht. Leistung und Lebensgenuss gehören für diese Generation genauso zusammen wie Freizeit und Arbeitszeit. Sie wollen keine Karriere um jeden Preis und auch Geld als Anreiz reicht ihnen nicht. Dafür schätzen sie Mitbestimmung, Lob und Anerkennung, Spiel und Spaß, ihnen durch die Kindheit durchaus bekannte Belohnungsmuster.

Das Work-Life-Blending (statt Work-Life-Balance) findet durch „Starbucksfeeling" und „Loungeatmosphäre" Ausdruck im Arbeitsumfeld. Im Netzwerk geschieht dies durch Freundschaftsanfragen von Kolleginnen und Kollegen auf Facebook.

→

Freizeit durch freie Zeit

Freizeit ist für Generation Y wichtig für ihr Wohlbefinden. Dafür benötigen sie trotz Work-Life-Blending freie Zeit. Eine neue Arbeitsorganisation, flexible Zeitplanung und frühzeitige Arbeitszeitreduzierung bringen ihnen mehr (Frei)zeitgewinn. Überstunden? „Nein, Danke!"

„Wie können die sich das leisten?", fragt wohl so mancher Babyboomer. Viele der Generation Y leben in einem materiellen Wohlstand und erben wie keine Generation zuvor. Die Ypsiloner selbst tragen dazu bei, sich durch Flexibilität Freiräume zu schaffen. Sie ermöglichen sich den Zugang zu den Dingen immer genau dann, wenn sie ihn brauchen und haben wollen: Car-Sharing statt Dienstwagen, Vernetzung statt Eigentum (vgl. Burkhart 2016, 16).

Ihre Devise: „Wer tagsüber lieber Tennis spielt oder sich ehrenamtlich engagiert und dafür abends spät arbeitet oder Mails beantwortet, während er seinen Kindern beim Schwimmunterricht zusieht, ist nicht unbedingt weniger ehrgeizig und leistungsbereit – eben nur anders." (Mangelsdorf 2014, 26)

Freizeit ist Freiheit für Begegnung

Womit füllt Generation Y die freie Zeit? Ungeschlagen an erster Stelle stehen Familie, Freunde und soziale Netzwerke, gefolgt von Gesundheitsfürsorge und Reisen.

Die Familie spielt für die Ypsiloner eine wichtige Rolle. Sie verstehen sich oft als Freunde ihrer Eltern und sind es gewöhnt, auch im Erwachsenenalter von diesen eine Menge Aufmerksamkeit zu erhalten. Allerdings leben sie häufig 200-300 km von ihrer Ursprungsfamilie entfernt. Das gibt wenig Spielraum für die Kinderbetreuung und die Unterstützung der Eltern im Alter. Vielleicht wird gerade deshalb möglichst viel Zeit mit der Familie verbracht. Eigene Kinder sind ebenfalls sehr willkommen.

Freunde sind für die Digital Natives über soziale Netzwerke weltweit und zu jeder Zeit erreichbar. Durch den Netzkontakt finden die Ypsiloner ihre gesuchten „Seelenverwandten" und die passende Peergroup für die verschiedensten Freizeitinteressen. Weniger verabredet sich Generation Y deshalb zum gemeinsamen Chillen, sondern trifft sich eher mit ihren virtuellen Freunden. Man will unbedingt dazugehören. Dieser Wunsch steht für sie nicht im Widerspruch zur selbstverständlichen Selbstbestimmung, mit der sie aufgewachsen sind.

Die Verantwortung für ihre Gesundheit und Fitness übernehmen die Ypsiloner schon im Jugendalter. Prävention, Sport und gesunde Ernährung spielen eine zentrale Rolle in ihrem Leben, denn auf keinen Fall wollen sie in die Burn-out-Falle der vorherigen Generationen tappen. Fitness wird nicht mehr für Job und Geld geopfert und sie investieren nicht erst in ihre Gesundheit, wenn sie krank sind. Das Fitnessstudio mit einer 24-Stunden-Öffnungszeit in den Großstädten kommt ihnen eher entgegen als der Tennisclub im Nachbarort, und spontane Verabredungen zum Tai-Chi übers Netz sind erwünscht.

Reisen heißt, das Leben selbst zu bestimmen. Die Ypsiloner wollen Spaß haben und das Leben genießen. Dabei ist nicht mehr „Trampen mit wenig Geld" angesagt, sondern Luxus genießen an exotischen Orten, aber durchaus nachhaltig. Schließlich waren die Ypsiloner schon mit fünf im Viersternehotel in der Türkei und haben mit 18 die wichtigsten europäischen Metropolen besucht. Sie sprechen einige Sprachen, aber ein Zelt aufbauen? Wozu, wenn man doch im Hotel viel besser aufgehoben ist. Gut die Hälfte der Ypsiloner möchte eine Weltreise machen (vgl. Huber/ Rauch 2013, 23). Selbst im Urlaub langweilen sie sich schnell, denn das Prinzip lautet auch unterwegs: „geistige Flexibilität und Abenteuerlust".

Lernen von der Generation Y

Das Freizeitverhalten zeichnet den Life-Style der Generation Y aus. Ihre Werte, Flexibilität und Freiheit, Zusammengehörigkeit und Familie, gemeinschaftlicher Konsum, Gleichstellung und Mitbestimmung, soziale Verantwortung und Nachhaltigkeit (Mangelsdorf 2014, 24 f.), prägen auch ihr Freizeitverhalten. Als Babyboomer oder Mitglieder der Generation X können wir diesbezüglich viel von ihnen lernen und entgehen damit vielleicht doch noch dem Burn-out.

Dr. Eveline Trowitzsch ist Dozentin für Schulseelsorge, pädagogische Ausbildung der Vikarinnen und Vikare und Fortbildung an Gymnasien am PTI der Evangelischen Kirche Mitteldeutschlands.

Literatur

Burkhart, Steffi (2016): **Die spinnen, die Jungen!** Eine Gebrauchsanweisung für Generation Y, Heidesheim

Haller, Michael (2015): **Was wollt ihr eigentlich?** Die schöne neue Welt der Generation Y, Hamburg

Huber, Thomas/ Rauch, Christian (2013): **Generation Y**. Das Selbstverständnis der Manager von morgen, Frankfurt (Signum International).

Mangelsdorf, Martina (2014): **30 Minuten Generation Y**, Offenbach.

Freizeit in der Bibel

Jörg Schneider

Christus in der Wüste
Gemälde von Iwan Kramskoj

Freizeit gehört als Begriff ursprünglich nicht in den antiken Vorderen Orient. Muße genoss man zunächst vielmehr in der altgriechisch-römischen Welt. Zumindest thematisiert die Bibel den Unterschied zwischen Arbeit und Freizeit nicht eigens und ausführlich, anders als etliche antike Autoren, die sogar Theorien der Muße entwickeln. Dennoch gibt es Spuren davon in den biblischen Welten, sowohl in den Schriften als auch in den Realien. Vor allem in der hellenistischen und römischen Epoche wurden unter den Herodianern Theater und Pferderennbahnen gebaut und bespielt, aber auch Bäder zur Entspannung und Säle für Festmähler (Tanz der Salomé Mk 6,23) eingerichtet und Symposien in großzügigen Palästen abgehalten. Aber auch die Bibel bietet genug Stoff für eine christliche Theorie der Freizeit, die letztlich jedoch lange als eine fürs Gebet, die Schriftlesung und deren Meditation zu nutzende Zeit aufgefasst wurde. Die benediktinische Wertschätzung der Arbeit (ora et labora) spiegelt ein weiterentwickeltes Verständnis wider, nachdem zuvor Arbeit

als Fluch und Folge der Sünde, also als notwendiges Übel, verstanden worden war (vgl. Gen 3,17–19). Es entstand ein Gleichklang des Lebensrhythmus aus verschiedenen Tätigkeiten im Rückgriff auf bestimmte biblische Konzepte.

Gott war der erste, der Freizeit begründete und gestaltete. Er ruhte von allen seinen anstrengenden Werken am siebten Tag seit Weltbeginn. Damit brachte er eine kulturelle Rhythmisierung der Zeit in die Schöpfung, die zuvor nur einen natürlichen Tag-Nacht-Wechsel kannte. Nach dem zweiten Schöpfungsbericht ist Gott ein Flaneur in der erfrischenden Abendkühle auf den Wegen des Paradieses, das man sich als einen gepflegten bewässerten Garten und weitläufigen Park vorzustellen hat.

Die grundsätzliche Rhythmisierung der Welt gibt es in verschiedenen Intensitäten. Die normale Abfolge sind die wöchentlichen Ruhetage am Sabbat beziehungsweise später am Sonntag. Dazu treten jahreszeitlich bedingte und heilsgeschichtlich konnotierte Feste. Solche Unterbrechungen sind besondere Zeiten, vor allem, wenn sie mit einer Wallfahrt verbunden sind (die drei Erntefeste, z. B. Shawuot nach Dtn 26,1–15). Vermutlich haben viele Menschen die Wallfahrt als eine Auszeit vom Alltag verstanden und sich entsprechend darauf und daran gefreut. Denn solche Zeit ist von und für Gott freigemachte Zeit. Sie beinhaltet ein Opfer der eigenen Zeit, die man nicht zum materiellen Lebensunterhalt verwenden kann, sondern nur zum spirituellen. Die religiöse Legitimation, sich eine Auszeit nehmen zu sollen, schützt zugleich vor den Forderungen anderer, welche die eigene Arbeitskraft eigentlich dauernd für ihre Zwecke in Anspruch nehmen möchten (Dtn 5,14 schließt Sklaven und Nutztiere in die Sabbatruhe ein, vgl. Neh 13,15). Freizeit ist hier nicht selbstbestimmte Zeit, sondern hauptsächlich gottbestimmte Zeit, die bei Wallfahrten nach Jerusalem länger dauern kann. Die Selbstbestimmung liegt darin, der Forderung Gottes nachkommen zu dürfen.

Die damaligen Freizeitaktivitäten ähnelten den heutigen. Aus der weiteren Umgebung des Heiligen Landes im Altertum weiß man von sehr vielen Formen des Zeitvertreibs von Kindern und Erwachsenen. Archäologisch lassen sich im Land der Bibel Steine für Brettspiele und Würfel nachweisen. Gott zieht größere Spielsachen vor, den Leviathan, den man sich als Seemonster vorstellen muss – wobei dieses Spiel auch ein Spiel mit dem Bösen ist, das Gott gewinnt (Ps 104,26, vgl. Hi 40,25–29). Wenn die Weisheit vor Gott spielt, wird er mit Wohlgefallen zuschauen und sich dafür Zeit nehmen (Spr 8,30 f.). Doch solch familiäre Vermenschlichung ist selten.

Bei den Menschen sind Spiel und Entspannung seit jeher nicht nur Privatvergnügen, sondern auch eine soziale Aktivität. Das Sitzen auf den Plätzen der Städte ist Bild der Entspannung und des gesellschaftlichen Friedens (Sach 8,5). Tanz und vor allem Musik spielen im kultisch-religiösen Kontext eine immense Rolle. Es ist aber kaum vorstellbar, dass es nicht auch eher profane Musik und Dichtung gab, die vorgetragen wurde. Davon zeugt das Hohelied als Sammlung solcher Gedichte (vgl. Pred 2,3–10). Aber gerade da wird sichtbar, dass das Leben nicht trennscharf in profan und sakral unterschieden werden kann und entsprechend der Sinn von Freizeit auch nicht, schließlich ist das Hohelied in den Kanon aufgenommen worden. Waren die Harfenmusikstücke des David für Saul profan oder religiös? (1Sam 16,14–23; vgl. Sir 32,5f)

Müßiggang kann auf Abwege führen. König David wollte sich erholen und setzte damit eine emotional stressige und ethisch fragwürdige Kaskade von Ereignissen in Gang (2Sam 11,2).

Hätte er am Schreibtisch gesessen oder auf der Harfe gespielt, statt Batseba von seiner Terrasse aus zu beobachten, wäre aber auch Salomo nicht geboren worden. Dessen Luxus, wie er in der Bibel beschrieben wird, setzt eine freie Zeit des Genusses, des Gesprächs und der Feier voraus. Möglicherweise war Salomos „Libanon-Waldhaus" nicht nur eine Schatz-, Wunder- und Rüstkammer, sondern auch ein Lusthaus und Rückzugsort (1Kön 7,2–4; 10,17–21).

Müßiggang kann auch auf noch andere dumme Gedanken bringen, etwa aus Langeweile und zur Erholung Götzenbilder zu schnitzen (Weis 13,13). Muße muss eben richtig genutzt

werden: „Die Weisheit des Gelehrten braucht Zeit und Muße, und nur wer nicht geschäftig ist, wird Weisheit gewinnen." (Sir 38,24) Hier schimmert schon ein Mußeverständnis der griechisch-römischen Welt durch, bei dem es weniger um Vergnügen oder Zeittotschlagen, sondern um Selbstverwirklichung mit den eigenen Gaben etwa in Schriftstellerei und Philosophieren ging.

Vergnügen anderer Art ist der Sport. Er liefert Metaphern für das geistliche Leben (2Tim 2,5; 1Kor 9,24–27; Phil 3,12–15), auch wenn er insgesamt negativ gesehen wird (1Tim 4,8, vgl. Ps 147,10).

Sport war mit seinen Veranstaltungen oft mit religiösen heidnischen Festen und profaner Ablenkung von der Konzentration auf Gott verbunden, sodass er sogar zu einem religionskulturellen Trennmarker werden konnte (2Makk 4,12–20).

Die Bedeutung des Kinderspiels hingegen als friedliche Selbstvergessenheit führt so weit, dass es zu einem eschatologischen Hoffnungszeichen werden kann (Jes 11,8; Sach 8,5). Das Kinderspiel des Jungen Jesus dient in etlichen durchaus bizarren Episoden im „Kindheitsevangelium des Thomas" mehr dazu, die Anlage seiner Göttlichkeit zu demonstrieren – die biblischen Evangelien sind sonst über das kindliche Freizeitverhalten von Jesus informationsarm. Später jedoch wird in den kanonischen Schriften öfter von Auszeiten Jesu auf den Bergen oder in der Einsamkeit berichtet. Diese Bewegung abseits des Trubels schafft den Rhythmus, der erst Besinnung und Gebet erlaubt, ist also mit einer geistlichen Retraite vergleichbar (Lk 5,15 f.; 6,12). Zum Wechsel zwischen Alltag und Feier gehört auch, dass Jesus dem Fest nicht abgeneigt war, was für manche den Erwartungen an seine Rolle und Person widersprach (Mt 11,7–19).

Für die Glieder der frühen christlichen Gemeinden war der erste Tag der Woche noch lange regulärer Arbeitstag. Es muss angenommen werden, dass sie sich freie Zeit nahmen, wenn sie sich zum Gottesdienst und Mahl trafen (vorausgesetzt wird der Ostermorgen, z.B. Mt 28,1; Barn 15,8 f.; Plinius an Trajan, Briefe X, 96 f.). Mit der Feier zum Sonnenaufgang banden sich diese Gruppen wieder an die Schöpfungsgeschichte zurück, indem sie den Tag der Auferstehung als ersten Tag von Gottes neuer Welt feierten, der zur großen Ruhe führt (Hebr 4).

Jörg Schneider ist seit Herbst 2016 Professor für Theologie an der Evangelischen Hochschule in Moritzburg. Er beschäftigt sich vor allem mit Gemeindepädagogik, Kunst und Religion, Spiritualität, Kirchenbau und Liturgik.

Gemeinsam etwas auf den Weg bringen

Motive Ehrenamtlicher in der evangelischen Kirche

Stephan Seidelmann

Vor mir liegt das Foto einer Jugendfreizeit. Es zeigt die Jugendleiter am letzten Tag. Sie sind geschafft, glücklich und stolz. 10 Tage lang haben sie sich um 30 Kinder gekümmert. Jeden Morgen haben sie lauthals das Lied „Danke für diesen guten Morgen" gesungen. Riesige Berge von Spaghetti haben sie gekocht und Töpfe voller Tomatensauce. Abends haben sie manche Kinder getröstet, die Heimweh hatten. Sie können glücklich und stolz sein. Sie haben über den Spaß hinaus vielen Kindern den Kontakt zu Gleichaltrigen und eine Idee von Kirche vermittelt. Warum aber bringen sich die Jugendleiter ein, in ihrem eigenen Urlaub?

„Das gehört für mich einfach dazu", höre ich auf meine Frage, „so sind wir jedes Jahr miteinander verabredet, um gemeinsam wieder eine Freizeit zu stemmen." Gemeinschaft zu erfahren ist vielen Jugendleitern wichtig. Diese Beobachtung steht im Kontrast zu der vielfach vertretenen Theorie des Neuen Ehrenamts. Demnach ist es Ehrenamtlichen mehr und mehr wichtig, sich fortzubilden, sich durch das freiwilligen Engagement weiterzuentwickeln. So könnten sich Jugendliche und junge Erwachsene selbst in

> *„Das gehört für mich einfach dazu."*

verantwortungsvollen Leitungs- und Betreuungsrollen ausprobieren und dabei auch Qualifikationen erwerben, die für das Berufsleben wichtig sind:

„Neben dem Ehrenamt, das sich durch jahrelanges und verlässliches Engagement für Kirche und Gesellschaft auszeichnet [...], hat sich aufgrund gesellschaftlicher Veränderungen ein neuer Typus von Ehrenamtlichkeit entwickelt. Viele Menschen nehmen heute das freiwillige Engagement auch als Chance für die eigene Persönlichkeitsentwicklung wahr. [...] Es ist kirchliche Aufgabe, sich noch stärker für diese ‚neuen' Ehrenamtlichen zu öffnen und Gelegenheiten

für die Entfaltung von deren Gaben und Interessen zu schaffen."[1]

Eine Öffnung für die veränderte Motivation, so klingt es in dem Beschluss der Synode an, führt zu mehr Ehrenamtlichen. Tatsächlich ist die Zahl der Ehrenamtlichen in der evangelischen Kirche deutlich gestiegen – laut Statistik der EKD: 895.643 Menschen haben sich 1997 ehrenamtlich in die evangelischen Landeskirchen eingebracht. Diese Zahl steigt auf 1.112.414 Menschen 2014. Demnach könnte sich die Kirche erfolgreich für Ehrenamtlichen geöffnet haben, die mit dem Ehrenamt auch ein Eigeninteresse verfolgen. Wobei diese These voraussetzt, dass die Motivation ausschlaggebend für die Übernahme eines Ehrenamts ist. Im nächsten Kapitel wird die Bedeutung der Motivation anhand der Daten des Freiwilligensurveys überprüft. Der Freiwilligensurvey ist eine der wichtigsten Erhebungen zum Ehrenamt in Deutschland. Seit 1999 wird die Studie alle fünf Jahre im Auftrag der Bundesregierung durchgeführt. Zufällig wird eine repräsentative Zahl von Deutschen zu ihrem Engagementverhalten befragt.

I. Ausgangspunkt eines Ehrenamts: Werte leben

Die Daten des Freiwilligensurveys deuten auf einen Zusammenhang von materieller Absicherung und Übernahme eines Ehrenamts hin: Vor allem Männer mittleren Alters mit guter Schulbildung bringen sich ein. Ihre finanzielle Lage schätzen sie häufig als sehr gut oder gut ein. Anhand einer eingehenden, statistischen Analyse lässt sich allerdings auch zeigen: Ob ein Mensch sich freiwillig engagiert, ist nicht in erster Linie nicht auf seine ökonomische Situation zurückzuführen.

Ist es keine Frage der materiellen Absicherung, ob ein Mensch ein Ehrenamt übernimmt, so könnten immaterielle Gründe zentral sein – wie die Wertvorstellungen. Tatsächlich finden es Ehrenamtliche wichtig, in ihrem Leben sozial Benachteiligten zu helfen, sowie ihre eigene Kreativität und Phantasie zu entfalten. In der Einschätzung dieser Wertvorstellung unterscheiden sie sich von Menschen, die sich nicht ehrenamtlich einbringen. Noch wichtiger für die Frage, ob sich ein Mensch einbringt, sind aber eine Reihe von wertgeleiteten Merkmalen wie die Spendenbereitschaft, die Bindung an die Kirche und die Größe des Freundeskreises. Ausschlaggebend für die Bereitschaft sich zu engagieren ist damit die Bereitschaft Werte zu leben. Die Übernahme eines Ehrenamts ist wertgeleitetes Handeln, was sich auch in den Erwartungen an das Ehrenamt widerspiegelt.

II. Anderen helfen, Gemeinschaft erleben und sich selbst entfalten

Typisch für Ehrenamtliche ist eine philanthropische Haltung: Anderen Menschen helfen ist ein zentraler Wert, wie auch soziale Kontakte. Dieses Ergebnis aus dem letzten Kapitel bestätigt sich im Hinblick auf die Erwartung an ein Ehrenamt: So stimmen 82 % der Befragten der Erwartung zu, dass sie durch das Ehrenamt mit anderen Menschen zusammenkommen und 80 % Zustimmung erhält die Erwartung durch das Ehrenamt mit Menschen aus anderen Generationen zusammenzukommen. Zudem wollen 81 % der Ehrenamtlichen die Gesellschaft mitgestalten. Persönliche Vorteile durch ein Ehrenamt haben nachrangige Bedeutung:

„Motive, die sich eher auf einen materiellen, beruflichen oder einen Statusgewinn durch das Engagement einer Person beziehen, werden weit weniger häufig genannt. So gibt zwar gut über die Hälfte der Wohnbevölkerung im Alter ab 14 Jahren an, durch ihr Engagement Qualifikationen erwerben zu wollen, die im Leben wichtig sind (51,5 Prozent). Aber nur noch 31,5 Prozent wollen Ansehen und Einfluss gewinnen und etwa ein Viertel hofft, durch das Engagement beruflich voranzukommen. Das am wenigsten wichtige Motiv ist das finanzielle: Insgesamt 7,2 Prozent geben an, durch ihr Engagement etwas dazuverdienen zu wollen."[2]

Die Ergebnisse des Freiwilligensurveys 2014 bestätigen die Ergebnisse der früheren Erhebungen: Die Hilfe für andere und das Zusammentreffen mit sympathischen Menschen ist den meisten Ehrenamtlichen wichtig. Ein Teil der Ehrenamtlichen kombiniert diese Erwartungen mit eigenen Interessen, wie eigene Kenntnisse zu erweitern oder auch Anerkennung zu finden. Offenbar versteht ein Teil der Befragten das Ehrenamt tatsächlich als eine Möglichkeit sich selbst zu entfalten.

„Das am wenigsten wichtige Motiv ist das finanzielle."

III. Unterschiedliche Motive Ehrenamtlicher in der evangelischen Kirche

Drei Motive sind für Ehrenamtliche ausschlaggebend: Die Hilfe für andere, das Zusammenkommen mit Menschen und die Möglichkeit sich selbst zu entfalten. Unterschiede bei der Wahl eines Motivs zeichnen sich beim Lebensalter ab: Jüngere wollen sich verstärkt selbst entfalten und in geselliger Runde zusammenzukommen. Ältere Ehrenamtliche tendieren dazu, anderen Menschen helfen zu wollen. Ehrenamtliche wählen ihr Motiv altersspezifisch. Unabhängig davon hat aber auch jeder Engagementbereich eine eigene Motivdynamik, die über den Untersuchungszeitraum des Freiwilligensurveys unverändert bleibt. Für die meisten Bereiche ist jeweils ein Motiv besonders charakteristisch. So bringen sich in den Bereich Sport und Bewegung besonders viele Menschen ein, um sich mit anderen zu treffen. In dem Bereich Kultur, Kunst und Musik wollen sich Ehrenamtliche häufig selbst verwirklichen. Im Bereich Politik ist das altruistische Motiv, anderen zu helfen, besonders oft vertreten.

In der evangelischen Kirche haben viele Ehrenamtliche eine altruistische Ausrichtung. Dieser Schwerpunkt hat sich in den Untersuchungen des Frei- →

willigensurveys nicht verändert, obwohl die Zahl der Ehrenamtlichen in der evangelischen Kirche deutlich zugenommen hat: 1999 haben 43 % der Ehrenamtlichen ein altruistisches Motiv, 2004 42 % und 2009 39 %. Die Anteile der beiden anderen Motive sind entsprechend geringer (Geselligkeit 1999: 31 %; 2004: 34 %; 2009: 31 % und Selbstentfaltung 1999: 26 %; 2004: 24 %; 2009: 30 %). Offensichtlich bringen sich viele Frauen und Männer in die evangelische Kirche ein, um anderen Menschen zu helfen. Allerdings ist dieser Motivschwerpunkt weniger stark ausgeprägt als in anderen Bereichen – und hat sogar im Untersuchungszeitraum leicht abgenommen. Diese Ergebnisse verweisen auf die Bedeutung der anderen beiden Motive – Geselligkeit und Selbstentfaltung – in verschiedenen Lebensaltern der Ehrenamtlichen. So haben Jugendliche und junge Erwachsene in der evangelischen Kirche einen eigenen Motivschwerpunkt. Sie wollen in ihrem Ehrenamt häufig andere treffen. Die-

Anderen zu helfen ist der Motivschwerpunkt.

ser Anteil ist im Untersuchungszeitraum deutlich gestiegen (Anteil Ehrenamtlicher zwischen 14 und 30 Jahren mit dem Motiv Geselligkeit 1999: 37 %; 2004: 45 %; 2009: 50 %). Unter den Ehrenamtlichen ab 60 Jahren hat hingegen der Anteil derer, die andere treffen wollen, abgenommen. Im Gegenzug ist der Anteil der Befragten gestiegen, die sich in ihrem Ehrenamt selbst entfalten (1999: 19 %; 2004: 14 %; 2009: 31 %).

In der evangelischen Kirche sind alle drei Motive freiwilligen Engagements wichtig. Anderen zu helfen ist insgesamt jedoch der Motivschwerpunkt, auch wenn die Geselligkeit bei Jugendlichen und jungen Erwachsenen. Das Motiv der Selbstentfaltung hingegen hat unter den älteren Ehrenamtlichen stark an Bedeutung gewonnen. Mit der Vielzahl der Motive ist auch die Zahl der Ehrenamtlichen in der evangelischen Kirche deutlich gestiegen. Somit ist nicht eine bestimmte Motivation für das freiwillige Engagement in der evangelischen Kirche entscheidend, sondern die Möglichkeit, sich mit unterschiedlichen Motiven einzubringen.

Anmerkungen

[1] Simonsen, Julia u.a. (Hrsg.): Freiwilliges Engagement in Deutschland – Der Deutsche Freiwilligensurvey 2014, Wiesbaden, 426.

[2] Synode der EKD (2009): Beschluss zur Kundgebung zum Schwerpunktthema: Ehrenamt. Evangelisch. Engagiert, Hannover, 2.

Literatur

Evangelische Kirche in Deutschland (2015): **Zahlen und Fakten zum kirchlichen Leben**, Hannover, <https://archiv.ekd.de/aktuell/edi_2015_07_06_statistik-broschuere.html> (abgerufen am 20.02.2015).

Evangelische Kirche in Deutschland (2017): **Die Äußerungen des kirchlichen Lebens im Jahr 2015**, Hannover, <https://www.ekd.de/ekd_de/ds_doc/kirch_leben_2015.pdf> (abgerufen am 17.07.2018).

Müller, Doreen/Hameister, Nicole/Lux, Katharina (2017): **Anstoß und Motive für das freiwillige Engagement**, in: Simonsen, Julia/Vogel, Claudia/Tesch-Römer, Clemens (Hrsg.): Freiwilliges Engagement in Deutschland – Der Deutsche Freiwilligensurvey 2014, Wiesbaden, 413–435.

Seidelmann, Stephan (2012): **Evangelische engagiert – Tendenz steigend** – Sonderauswertung des dritten Freiwilligensurveys für die evangelische Kirche, Hannover.

Seidelmann, Stephan (2016): **Altruismus, Geselligkeit, Selbstentfaltung** – Motive Ehrenamtlicher in der evangelischen Kirche, Freiburg i.B.

Sinnemann, Maria (2017): **Engagement mit Potenzial** – Sonderauswertung des vierten Freiwilligensurveys für die evangelische Kirche (SI aktuell), Hannover.

Synode der EKD (2009): **Beschluss zur Kundgebung zum Schwerpunktthema: Ehrenamt**. Evangelisch. Engagiert, Hannover, <https://www.ekd.de/pm281_2009_kundgebung_ehrenamt.htm> (abgerufen am 10.12.2014).

Vogel, Claudia/Hagen, Christine/Simonsen, Julia/Tesch-Römer, Clemens (2017): **Freiwilliges Engagement und öffentliche gemeinschaftliche Aktivität**, in: Simonsen, Julia/Vogel, Claudia/Tesch-Römer, Clemens (Hrsg.): Freiwilliges Engagement in Deutschland – Der Deutsche Freiwilligensurvey 2014, Wiesbaden, 91–152.

Stephan Seidelmann ist Gemeindepfarrer in München. 2013 war er der Autor der Sonderauswertung des Freiwilligensurveys im Auftrag des Sozialwissenschaftlichen Instituts der EKD. Seine 2016 erschienene Dissertation trägt den Titel „Altruismus, Geselligkeit, Selbstentfaltung – Motive Ehrenamtlicher in der evangelischen Kirche". Foto: ELKB/Lukas Barth

Neue Kraft schöpfen

Freizeit im monastischen Klosteralltag

Pater Zacharias Heyes

Ich erinnere mich noch gut an meinen ersten Urlaub, den ich nach meinem Eintritt in die Abtei machen konnte. Ich hatte vierzehn Tage Zeit, die ich selber gestalten konnte. Ich war damals noch Novize und zuständig für mich war der Novizenmeister. Er hatte vor dem Urlaub uns Novizen erklärt, dass wir auch im Urlaub Mönche bleiben und die Gestaltung und Form des Urlaubs dem angemessen sein müsste.

Gleiches gilt auch für das Thema Freizeit. Ein Mönch ist immer Mönch und alle Bereiche seines Lebens sollen dem entsprechen. Deshalb möchte ich zunächst auf die Frage eingehen, was denn ein Mönch ist. Der heilige Benedikt, nach dessen Mönchsregel ich als Benediktiner lebe, hat seinen Mönchen zwei Dinge in die Regel geschrieben, die einen Mönch charakterisieren: Das Bewusstsein der ständigen Gegenwart Gottes und die stete Suche nach ihm. Statt Suche nach ihm könnte man auch sagen: die stete Ausrichtung meines Bewusstseins auf seine ständige Gegenwart.

Dieses Bewusstsein soll und darf nicht zu einer inneren Haltung der Angst führen, weil der „liebe Gott alles sieht" und entsprechend bestraft, wie viele es noch als Kinder gelernt haben. Es geht um Gottes liebenden Blick auf alle und alles.

Der heilige Benedikt hat als junger Mann eine Zeit lang in einer Höhle gelebt, um seiner Sehnsucht nach Gott Raum zu geben – fernab von allem lauten Treiben in Rom, wo er vorher studiert hatte. Von seinem Aufenthalt in der Höhle heißt es in seinen Lebensbeschreibungen, die Papst Gregor der Große verfasst hat: „Und unter den Augen Gottes wohnt er bei sich selbst."

Als Mönch geht es um das Wissen-Dürfen: Gott ist da – wie es ein Name sagt: „Ich bin da" (Ex 3,14). Er ist da als der Liebende; als der, der mit mir geht und mich trägt, der mich liebt und bejaht. Sein JA zu mir gibt mir die Chance, mit mir selbst in Harmonie zu leben, JA zu mir zu sagen, mich zu lieben, bei mir selbst anzukommen und zuhause zu sein.

Der Ort Gott zu suchen und mich an seine Gegenwart und sein JA zu mir zu erinnern, ist zuerst das Gebet. Fünf Mal am Tag versammeln wir Mönche uns dazu in unserer Abteikirche. Diesem Gebet, das immer wieder den Tag unterbricht, soll der Mönch nichts vorziehen. In diesem Gebet kann ich mich fallen lassen und mir neu seine liebende Gegenwart und sein liebendes JA zu mir zusagen lassen.

Gott sagt JA zum Menschen – und damit auch zu allen Bedürfnissen, die der Mensch in sich trägt. Deshalb hat Benedikt dem Tag eine klare Ordnung gegeben, die allen Bedürfnissen gerecht werden möchte. So gibt es – neben den Gebetszeiten – festgelegte Zeiten für Essen, Trinken, Schlafen, Arbeit und eben auch für Erholung bzw. Freizeit.

In der Regel des heiligen Benedikt findet sich der Satz: „Müßiggang ist der Feind der Seele." Das klingt natürlich zunächst so, als ob der Mönch sich überhaupt keine Zeit der Muße und Erholung gönnen sollte. Mit „Müßiggang" meint Benedikt das, was wir heute mit dem Wort „abhängen" meinen. Abhängen – so verstehe ich es – ist ein zielloses Abhängen, ein Zappen am Fernseher, ein sich treiben lassen – ohne Ziel und Richtung.

Freizeit im Kloster aber hat eine klare Richtung: Sie soll der Erholung dienen, dem Schöpfen →

von neuer Kraft. Dazu gehört dann die Frage: „Was tut mir wirklich gut? Auch in der Freizeit? Wirklich gut?"

Mönche unterscheiden zwischen dem, was ihnen scheinbar gut tut bzw. was sie meinen zu brauchen und was sie wirklich brauchen. Es gilt immer, die eigene Motivation zu befragen. Und dann kann es sein, dass sich zeigt, dass jemand meint, er müsse jetzt in seiner Freizeit Sport treiben und trainieren – aber seine eigentliche Motivation ist sein Ego, der Wunsch danach, über seine sportlichen Leistungen Anerkennung zu bekommen. Mit dem Druck, den er sich hiermit selber macht, ist keinem geholfen. Gut ist Sport für ihn, wenn er spürt, dass der Sport ihn ausgeglichener und zufriedener macht und er im Spüren und Wahrnehmen der Beweglichkeit seines Körpers Dankbarkeit gegenüber seinem Schöpfer empfindet, dass er ihn geschaffen hat.

So muss für seine Freizeit jeder das finden, was ihm gut tut – das ist bei jedem etwas anderes. Dem heiligen Benedikt ist es ein großes Anliegen, dass jeder Mönch in seiner Eigenart wahrgenommen wird und jeder das im Kloster erhält, was er braucht. Was dem einen aber gut tut, kann für den anderen schlecht sein. Es ist eine lebenslange Schule und eine lebenslange Achtsamkeit erforderlich, um immer wieder auf die eine Stimme Gottes in sich zu hören und zu erlauschen, wer man tief in seinem Wesen wirklich ist, wie dieses Wesen sich entfalten kann und was ihm gut tut.

Wann aber ist Zeit für Freizeit und Erholung, die jedem gut tut, im Kloster?

Die Zeit am Morgen nach dem Frühgebet ist bei uns die sogenannte Betrachtungszeit. Eine Dreiviertelstunde lang hat jeder Mönch Zeit, in die Stille zu gehen und bewusst für sich vor Gott zu sein. Diese Zeit dient dem Wahrnehmen der Gegenwart Gottes und seiner Liebe zu mir. In dieser Zeit meditieren einige Mitbrüder und sitzen in der Stille. Andere betrachten die Schriftlesungen des Tages, die in der sich anschließenden Eucharistiefeier gelesen werden und entdeckt für sich darin einen Tagesimpuls. Andere machen einen Morgenspaziergang und spüren Gott in seiner Schöpfung. Vielleicht ist eine solche Betrachtungszeit streng genommen gar nicht unter dem Begriff der „Freizeit" zu fassen – im eigentlichen Sinne. Vielleicht ist es auch nur ungewöhnlich eine solche Betrachtungszeit unter „Freizeit" zu fassen. Aber diese Zeit dient dem Kraftschöpfen für den neuen Tag in der Gegenwart Gottes – die Seele erneuert ihre Spannkraft für den Tag und erholt sich.

Am Abend gibt es eine Stunde Zeit vor der Vesper – dem Abendgebet. Nach getaner Arbeit kann der Mönch sich jetzt Zeit nehmen, auszuruhen, zu lesen, spazieren zu gehen, seinem Hobby nachzugehen.

Nach dem Abendessen ist dann die Gelegenheit, für eine halbe Stunde vor dem Nachtgebet sich in der Gemeinschaft zu erholen. Die Mönche treffen sich, um miteinander spazieren zu gehen, zusammen zu sitzen und dabei zu erzählen, wie es ihnen gerade geht, was sie beschäftigt, wie ihr Tag gewesen ist. Diese Zeit heißt bei uns „Rekreation". Gemeinschaft ist für uns Mönche deshalb wichtig, weil sie einander für den gemeinsamen Weg bestärkt. Jeder spürt und merkt: Ich bin als Mönch nicht alleine auf dem Weg der Gottsuche.

Und auch nach der Komplet – dem Abschluss des Tages – ist noch einmal Gelegenheit für persönliches Tun: Lesen, Tagebuch schreiben, Sport machen. Am Sonntagabend darf es dann z.B. auch mal der „Tatort" sein! Manch einer geht nach der Komplet auch schon schlafen, je nachdem, wie viel Schlaf er braucht, denn unsere Nacht endet um 4:40 Uhr.

In all dem mag deutlich geworden sein worum es geht: Egal ob in der Arbeit, der Freizeit, dem Gebet: immer geht es darum, dass sich der ganze Mensch entfalten kann – mit all seinen Begabungen und Talenten. Und das immer zur größeren Ehre Gottes.

Pater Zacharias Heyes ist Mönch der Benediktinerabtei Münsterschwarzach. Er ist als Notfallseelsorger, Kursleiter und Autor tätig.

Was wäre, wenn: „Freizeit" statt „Arbeit"

Christine Ursel

Ein Traum für viele: Statt Arbeit wäre Freizeit – was wäre dann?

Da wäre eine Umbenennung durchaus mal hilfreich. Dann würden wir merken, was das bedeutet. Wir sind ja auch nicht mehr nur in einer Krankenkasse, sondern in einer „Gesundheitskasse". Hier eine Auflistung und Gegenüberstellung wichtiger Begriffe rund ums Arbeitsleben – bzw. „Freizeitsleben":

arbeiten	– freizeiten
Arbeitszeit	– Freizeitszeit
Arbeitszeitmodelle	– Freizeitszeitmodelle
Arbeitsplatz	– Freizeitsplatz
Arbeitszimmer	– Freizeitszimmer
Mindest-Arbeitslohn	– Mindest-Freizeitslohn
Arbeitsagentur	– Freizeitsagentur
Lebensarbeitszeitskonto	– Lebensfreizeitszeitkonto
Arbeitslohn	– Freizeitslohn
Arbeitslosenversicherung	– Freizeitslosenversicherung
Arbeitsunfähigkeitsbescheinigung	– Freizeitsunfähigkeitsbescheinigung
Arbeitsweg	– Freizeitsweg
Arbeitsvertragsrichtlinien	– Freizeitsvertragsrichtlinien
Befristetes Arbeitsverhältnis	– befristetes Freizeitsverhältnis
Arbeitskleidung	– Freizeitskleidung
Arbeitsleben	– Freizeitsleben
Mitarbeitervertretung	– Mitfreizeitervertretung
Arbeitszeiterfassung	– Freizeitszeiterfassung
Arbeitsberater	– Freizeitsberater
Arbeitsrecht	– Freizeitsrecht
Mitarbeiterversammlung	– Mitfreizeiterversammlung
Arbeiterklasse	– Freizeiterklasse
Mitarbeitendenjahresgespräch	– Mitfreizeitendenjahresgespräch

…

Und was fällt Ihnen noch dazu ein?

Worte kreieren Wirklichkeit. Aus einer euphemistischen Umschreibung und Vermeidung des einen Wortes durch einen positiven Begriff entstehen ganz neue Bilder bis hin zu einem anderen Selbstverständnis. Für manchen vielleicht ein Vorgeschmack auf die Nacherwerbsphase, für manche eine andere und wertschätzende Sicht auf die Bedeutsamkeit der Zeit neben der Arbeit. Was wäre, wenn es statt eines Arbeitsministeriums zukünftig vielleicht ein „Freizeitministerium" gäbe, das mit Steuermitteln „freizeitet" und ein Recht auf „Freizeit für alle" durchsetzt und mit monatlichen Grafiken die Entwicklung der „Freizeitlosenzahlen" ins Bild setzt?

Mich erinnert das an das „Ministerium für Glück und Wohlbefinden", das Gina Schöler ausgerufen hat (www. ministeriumfuerglueck.de). In ihrem Buch „Das kleine Glück möchte abgeholt werden" beschreibt sie 222 Anstiftungen zu mehr Glück im Leben.

Oder ich denke an den Dokumentarfilm von Kristian Gründling „Die stille Revolution" über ein Arbeiten, das Menschen beflügelt (www.gruenfilm.com). Dort beschreibt ein interviewter Experte, wie viele Menschen ihre Arbeit erleben als „Angestellte": Angestellte kommen in die Arbeit, werden „angestellt" und am Abend wieder „abgestellt" – und zwischendrin passt man auf, dass sie „nichts anstellen". Das macht nicht glücklich. Die Unternehmenskultur macht den Unterschied.

Für mich sind das auf jeden Fall Impulse, mehr Glück in der Arbeit wahrzunehmen und eine Anstiftung zu mehr Frei-Zeit und Freiheit darin und damit zu mehr sinn-voller Arbeit …

Christine Ursel ist Fortbildungsreferentin beim Diakonischen Werk Bayern – Diakonie.Kolleg und Mitglied der Redaktion der PGP.

„Wie viel Freizeit brauchst du?"
Bausteine für eine Einheit mit Konfirmanden (90 Minuten)

Jeremias Treu

Die Idee:

Es ist oft eine Herausforderung, mit Konfirmandinnen und Konfirmanden einen außerplanmäßigen Termin zu finden. Der Terminkalender ist bei ihnen mit Schule und Freizeitaktivitäten so gefüllt, dass wenig Spielraum bleibt. Ziel dieser Einheit ist es, sich mit dem eigenen Freizeitverhalten zu beschäftigen. Am Ende entsteht ein Erklärvideo (PaperCLip), wie sie sich die Gestaltung ihrer Zeit wünschen.

Die Konfis können so an ein bewusstes Wahrnehmen und Gestalten der eigenen Zeit herangeführt werden.

**1. Einstieg: So sieht ein ganz normaler Trag bei mir aus
(Einzelarbeit 15 Minuten)**

Die Gruppe wird in Gruppen von maximal 5 Teilnehmenden geteilt. Jeder TN bekommt 24 Bausteine (starkes Papier oder Pappe in Streichholzschachtelgröße, das sich gut beschriften lässt). Die Aufgabe lautet:

Für jeden besteht der Tag aus 24 Stunden. Einige Stunden schlafe ich. Dann gehe ich zur Schule, ich esse, ich mache Sport, ich schaue fern usw.. Wie sieht mein normaler Tag aus? Ein Baustein steht für eine Stunde meines Tages.
Beschrifte alle 24 Bausteine, so dass am Ende ein normaler Tag deines Lebens in Kreisform auf dem A3 Blatt liegt.
Markiere in einer Farbe die Zeit, die du als Freizeit beschreiben würdest.

2. Gruppenarbeit: Was ist bei dir anders? (10 Minuten)

In den Kleingruppen tauschen sich die TN aus.
Was ist gleich oder ähnlich?
Wo stellt ihr große Unterschiede fest?
Wodurch ist Freizeit gekennzeichnet?
Vervollständigt den Satz: Freizeit ist ....
Anschließend einen Austausch im Plenum, in der aus den Gruppen berichtet wird.

Jede Gruppe berichtet, was ihnen im Vergleich aufgefallen ist.
Die „Freizeit ist" Sätze werden vorgelesen und für alle sichtbar angebracht.

**3. Gruppenarbeit: So wünsche ich mir einen normalen Tag
(45 Minuten)**

In den Kleingruppen bekommen die Konfis nun die Aufgabe, einen PaperClip (Erklärvideo) zu erstellen. Das Thema ist: Wie sieht ein Tag nach unseren Wünschen aus. Das setzt voraus, dass man sich in der Gruppe auf einen Wunschtag verständigt.

Der Leiter erklärt anhand eines YouTube Videos, wie man einen PaperClip erstellt. (Einfach auf YouTube eingeben: Simpleshow erklärt Simpleshow, oder Konfirmanden Simpleshow eingeben).

Es muss genügend Material für die Gruppen zur Verfügung stehen (Marker, Stifte, verschiedenfarbiges Papier, Scheren). Zuerst müssen die TN sich eine Story ausdenken. Was will ich

sagen? Zu dieser Story werden Bilder ,Wörter und Symbole gezeichnet. Während ein oder mehrere Konfis erzählen, schieben die anderen die Bilder und Symbole ins Bild. Unbedingt vorher einmal ausprobieren und das Erklärvideo gemeinsam anschauen. Am besten die Videos mit Beamer projizieren.
Für das Erklärvideo kann das Handy mit einem Stativ befestigt werden, so dass man die einzelnen Filme aufnehmen kann, ohne dass es wackelt.

4. Präsentation der Ergebnisse

Die Präsentaionsphase wird vom Leiter eröffnet:
Ihr habt heute erzählt, wie ein normaler Tag für euch aussieht. Freie Zeit im Sinne von selbstbestimmter Zeit ist kostbar. Wir sehen jetzt gleich, wie ihr euch einen idealen Tag vorstellt. Wie würde ein idealer Tag aussehen, so dass ich sagen kann, das war ein toller Tag, kein Stress, es hat Spaß gemacht. Ich bin gespannt darauf.

Nach der Präsentation könnte als Abschluss noch diese Variante aus Prediger 3 gelesen werden:
Ich glaube, dass wir freie, also selbstbestimmte und unverplante Zeit brauchen. Ich glaube, dass Gott das auch so sieht. Immerhin hat er gesagt, dass wir einen Tag in der Woche ruhen sollen. Das ist sozusagen das Mindeste, was wir brauchen an freier Zeit. Es ist nicht so leicht, seine Zeit einzuteilen. Jeder hat nur 24 Stunden am Tag. Was ist wichtig?

Alles im Leben hat seine Zeit.
eine Zeit zum Leben und eine Zeit zum Sterben;
eine Zeit zum Pflanzen und eine Zeit zum Ernten;
eine Zeit zum Fallen und eine Zeit zum Aufstehen;
eine Zeit für Ärger und eine Zeit zum Vertragen;
eine Zeit zum Weinen und eine Zeit zum Lachen;
eine Zeit für Ruhe und eine Zeit für Musik;
eine Zeit für Schule und viel Zeit für Ferien;
eine Zeit für Hektik und eine Zeit zum Chillen;
eine Zeit zum Chatten und eine Zeit zum Umarmen;
eine Zeit allein und eine Zeit mit anderen;
eine Zeit zum Spaß haben und eine Zeit zum Traurigsein
eine Zeit zum Lernen und eine Zeit zum Vergessen.
Gott hat alles schön gemacht zu seiner Zeit, auch hat er die Ewigkeit in unser Herz gelegt;
Gott ist das große Geheimnis.
Aber ich weiß, dass es nichts Besseres gibt, als fröhlich zu sein und mein Leben für mich und eine bessere Welt einzusetzen.

Jeremias Treu ist Studienleiter für Konfirmandenarbeit im Amt kirchlicher Dienste der Evangelischen Kirche Berlin-Brandenburgschlesische Oberlausitz und Mitglied der PGP-Redaktion.

Reif für die Insel

Ein Bericht über den Wandel der Arbeit eines Familienzentrums in Trägerschaft einer Kirchengemeinde in einem Neubaugebiet

Almut Ehrhardt

Entstehung

Fährt man von der Innenstadt Suhl aus in Richtung Zella-Mehlis über den Ziegenberg, passiert man eine DDR-typische Plattenbausiedlung: Suhl-Nord. Schon bald erblickt man auf der linken Seite ein eher untypisches Gebäude: Verwinkelt, blaue Ziegel mit rotem Dach, große Fenster - eine eigenwillige Architektur prägt das MGH Familienzentrum „Die Insel". Der Name ist Programm: anders soll sie sein, die Insel, Begegnungsstätte nicht nur für Gestrandete, Treffpunkt der Christen aus dem Stadtteil, so war es geplant… Zu DDR-Zeiten war Suhl Nord ein bunt gemischtes und schnell wachsendes Wohngebiet, hier lebten Familien aus allen Berufen, die in Suhl gebraucht wurden. Man war froh, eine Wohnung mit Balkon, Blick auf den Thüringer Wald, einer bequemen Zentralheizung und Einkaufsmöglichkeiten zu haben. Die Kirchengemeinde hatte in einer Platte eine Wohnung gemietet, dort trafen sich Christen zum Gottesdienst und zu Gesprächskreisen. Nach der Wende dann die große Chance: Endlich die Möglichkeit, als Kirchengemeinde mit einem Gebäude im Stadtteil präsent zu sein. Aber noch ein weiteres Kirchengebäude in der Stadt? Schnell kamen andere Ideen: Ein Gemeindezentrum mit Möglichkeiten der Kinderbetreuung, sanitären Anlagen, viel Licht, das ist die Zukunft.

Nach den Bauplänen eines vorhandenen Gemeindezentrums in Wesel wurde die Insel als Familien- und Gemeindezentrum 1996/1997 gebaut. Die Kirchengemeinde Suhl übernahm die Trägerschaft. Als Familienzentrum wurde es großzügig vom Land Thüringen über die Stiftung Familiensinn gefördert.

Geänderte Rahmenbedingungen

Seit der Zeit ist der Stadtteil in vollem Wandel: Jeder, der es sich leisten konnte, zog aus Suhl Nord woanders hin, viele Familien bauten Häuser mit einem Garten oder suchten sich größere Wohnungen in der Innenstadt. In Suhl Nord blieben diejenigen, die den Stadtteil mögen oder es sich nicht leisten konnten, wegzuziehen. Damit wurde auch die Zahl der Gemeindemitglieder, die im Stadtteil lebten, immer kleiner und die Aufgaben passten sich an: Von der Gemeindearbeit verlagerte sich der Schwerpunkt immer mehr zur Sozialarbeit.

Die Arbeitsbereiche der Insel

1997 begann die Insel ausschließlich als Familienzentrum, wofür die Gesetze des SGB VIII, besonders §16 sind die rechtliche Grundlage sind. In diesem Es sich alles um Familien: Unterstützungsangebote für Eltern in Fragen der ➜

Gesundheit und Erziehung, Kindernachmittage, Eltern-Kind-Kurse, Ferienprogramme für Kinder, Familienadventsfeier, Koch- und Nähkurse und vieles mehr. Die Insel kann man auch für eine Familienfeier mieten. 2001 kam die Suhler Tafel hinzu. Zweimal wöchentlich können Bedürftige Lebensmittel abholen. In der Zeit, in der sie auf ihre Lebensmittel warten, können sie in unserem Bistro Getränke und kleine Speisen zu sich nehmen, Zeitung lesen oder einfach nur ein Schwätzchen mit anderen Abholern halten. Etwa 2004 siedelte sich der Bereich Familienpflege in der Insel an. Unsere Familienpflegerinnen unterstützen Familien, die in Krisensituationen überfordert sind. Im Gegensatz zu den Angeboten des Familienzentrums ist Familienpflege kein freiwilliges Angebot, sondern erfolgt im Auftrag des Jugendamtes. 2006 startete das Jugendprojekt „Passt zu mir" in der Insel. In diesem Projekt werden Jugendliche bis zu 27 Jahren befähigt, ihren Alltag zu strukturieren und einer geregelten Beschäftigung nachzugehen. Wenig später wurde die Insel MehrGenerationenHaus. Das MGH ergänzt sehr gut die Arbeit des Familienzentrums. Diese fünf Arbeitsbereiche prägen bis heute die Arbeit der Insel. Sie gewährleisten, dass das Haus finanziell einigermaßen gesichert ist, die Kehrseite der Medaille: Bricht ein Bereich weg, wird es mit der Gesamtfinanzierung schwierig.

Herausforderungen

Das Haus soll einladend für alle Besucherinnen und Besucher sein; jede Person, die hierher kommt, soll sich angenommen und wohl fühlen, von der Mutti, die den Mutter-Kind-Kreis besucht über die Tafelabholerinnen und Tafelabholer bis zu den Jugendlichen, die im Jugendprojekt lernen sollen, ihr Leben in den Griff zu bekommen. Das „Inselteam" besteht aus 13 fest angestellten Mitarbeiterinnen und Mitarbeitern, 8 geförderten Arbeitsplätzen und unzähligen ehrenamtlichen Helferinnen und Helfern, besonders in den Bereichen Tafel und Familienarbeit. Ohne ehrenamtli-che Hilfe wäre die Arbeit in dem Umfang, wie wir sie anbieten, nicht möglich.

Struktur

Als Träger des Familienzentrums trifft der GKR alle wichtigen Entscheidungen. Die Leiterin der Insel ist im GKR als Gast zu den Sitzungen eingeladen. Jeden Montagmorgen ist große Teamberatung, in der das „operative Geschäft" besprochen wird. Es geht oft um die Probleme der Tafel. Tafelarbeit ist nicht einfach. Einmal wöchentlich trifft sich das „Kernteam" zu den strategischen Beratungen. Hier geht es auch um das Tagesgeschäft, aber mehr noch um die Zukunft, die Ideen, die Herausforderungen für das Fortbestehen des Hauses. Zum Kernteam gehören: Die Sozialpädagogin, die MGH-Koordinatorin, die Bürokraft, die Leiterin der Familienpflege, die Anleiterin des Jugendprojektes, die Leiterin der Tafel, die Gemeindepfarrerin (sie nimmt aus Zeitgründen 1 × monatlich teil) und die Leiterin der Insel.

Im vergangenen Jahr feierte „Die Insel" 20-jähriges Bestehen. Seit einigen Jahren liegen unsere Besucherzahlen konstant bei etwa 22.500 jährlich. Im Stadtteil hat sich viel verändert: Von ehemals über 16.000 Einwohnern sind nur noch etwa 2.300 geblieben, der Anteil an Menschen mit Migrationshintergrund ist stark gestiegen. Der weitere Abriss von Häusern ist vom Stadtrat beschlossen. So langsam wird das Familienzentrum eine „Insel im Grünen"… Die neue Herausforderung wird sein, den Menschen in der Stadt Angebote in ihrer Nähe zu machen und für die verbleibenden Menschen in Suhl Nord ein verlässlicher Anlaufpunkt zu bleiben.

Unser Resümee nach 20 Jahren: Unser stetiger Begleiter ist der Wandel, nichts bleibt, wie es ist, bis auf die Zusage, dass der Segen Gottes auf uns liegt.

Almut Ehrhardt ist Leiterin des Mehrgenerationenhauses und Familienzentrums „Die Insel" in Suhl.

Ein Aktivurlaub der etwas anderen Art – Mitarbeit in der Vesperkirche Nürnberg

Dorothea Eichhorn

Seit drei Jahren öffnet die Vesperkirche Nürnberg in der Gustav-Adolf-Gedächtniskirche Mitte Januar für sechs Wochen ihre Türen, um Menschen täglich bei einem gemeinsamen Essen zum symbolischen Preis von 1,00 € zusammenzubringen. Dieses kirchliche Angebot der ganz anderen Art hat mich von Anfang an beeindruckt. Sechs Urlaubstage aus dem Vorjahr boten sich geradezu an, die „Vesperkirchenwelt" aus der Innensicht zu erleben. Und täglich eine Schicht à 3,5 Stunden sind gut zu bewältigen. Die Begegnungen sind andere, wenn ich durch den Vesperkirchenbutton als Mitarbeiterin zu erkennen bin. Die einen bedanken sich überschwänglich,

weil ich in ihren Augen genauso verantwortlich dafür bin, was hier passiert, wie das Organisationsteam. Und die anderen laden aus dem gleichen Grund ihren Ärger bei mir ab.

Ich habe wenig Konflikthaftes erlebt, aber wo Menschen miteinander zu tun haben, kann es zu Reibereien kommen. Diese werden von den Hauptamtlichen auf eine gute Art und Weise aufgegriffen und zu klären versucht, ohne Scheu davor, eine klare Linie zu zeigen.

Alles in allem eine gute Erfahrung mit Kirche und Ehrenamt, die ich im nächsten Jahr bestimmt auffrischen werde.

Statements Ehrenamtlicher

Dorothea Eichhorn ist Dipl. Sozialarbeiterin (FH) und Leiterin der Diakonischen Sozialarbeit im Diakonischen Werk Fürth (Bay).

ZURÜCKGEBLÄTTERT ZUM THEMA DIESES HEFTES

in: Die Christenlehre 36/1983, 196 und 201

DIE CHRISTENLEHRE – EIN FREIZEITANGEBOT?

In jedem Unterweisungsjahr suche ich erneut mit den Kindern einen freien Nachmittag, eine Stunde freie Zeit für die Christenlehre … Die schwierige Suche nach dem passenden Termin ist ein Indiz dafür, dass Christenlehre ein Freizeitangebot unter anderen Angeboten ist… „Die Kinder kommen, um etwas zu erleben. Christenlehre ist für sie eine Arbeitsgemeinschaft. ‚Wenn es mir nicht mehr gefällt, bleibe ich weg.' Die Eltern lassen den Kindern an dieser Stelle völlig freie Hand." Zur Christenlehreteilnahme ist das Kind unter diesem Motiv (des Erlebnisstrebens) ähnlich motiviert wie zu

einer Freizeitbeschäftigung. Die Teilnahme ergibt sich aus der Attraktivität der Christenlehre, weniger aus deren Inhalten. Die Kinder empfinden Spaß, Freude, Interesse oder Langeweile und Unlust. Entsprechend schwankt die Regelmäßigkeit der Teilnahme an der Christenlehre … Sowohl bei den Eltern als auch bei den Kindern müssten Motive gefördert werden, die dem Kind in seiner gegenwärtigen Situation Erfahrungen im Raum der Gemeinde möglich machen möchten. Eltern und Kinder sollten in diesem Razum gemeinsam Möglichkeiten haben, Bedeutsames zu erfahren.   Petra Fichtmüller

Ehrenamt im Gemeindekirchenrat

Christiane Färber

Mein Name ist Christiane Färber, ich bin seit 3 Jahren Gemeindekirchenrats-Mitglied in einer kleinen Gemeinde ganz im Süden Thüringens. Ich habe mich für eine ehrenamtliche Tätigkeit in meiner Kirche entschieden, weil ich meinem Glauben mehr Raum und Bedeutung in meinem Leben geben wollte. Zu Beginn meiner Zeit als Gemeindekirchenrats-Vertreterin bekam ich noch häufig verwunderte Blicke, da man sich eine „Kirchenälteste" eben auch älter vorstellt. Inzwischen haben sich alle daran gewöhnt. Ich arbeite gerne mit Menschen verschiedener Generationen zusammen, da dies differenziertere Sichtweisen auf ein Thema bietet. Manchmal wird dies aber auch zu einem regelrechten Drahtseilakt, wenn ich versuche sowohl Traditionen zu bewahren, als auch gerne wage, neue Ideen umzusetzen. Ich plane und organisiere gerne, dies kann ich in meinem Ehrenamt gut ausleben, zum Beispiel beim Vorbereiten größerer Gottesdienste oder beim Mitgestalten unseres Kirchenheftes. Die Arbeit im Gemeindekirchenrat ist somit überraschend spannend und abwechslungsreich.

Christiane Färber arbeitet ehrenamtlich als Kirchenälteste in Südthüringen.

Statements Ehrenamtlicher

Ehrenamt in der Kirchenmusik

Gunnar Pietsch

Ehrenamtlich engagiere ich mich in der Kirche als Teil des Friedrichshagener Halboktetts (Männerquartett) im Bereich der Kirchenmusik. Wir gestalten drei- bis viermal im Jahr einen Gottesdienst musikalisch und übernehmen dabei manchmal auch Teile der Liturgie.

Besonders schön ist natürlich, wenn das Musizieren den Zuhörern die Herzen öffnet und innerhalb des Halboktetts, wenn die Töne so „klar" sind, dass wir gemeinsam Musik gestalten können. Außerdem die Begegnungen danach und das Kennenlernen anderer Gemeindemitglieder aufgrund eines gemeinsamen Themas.

Schwierigkeiten habe ich noch keine erlebt. Da wir „nur" vier sind, können wir überall proben. Außerdem gibt es in der Gemeinde ein großes Entgegenkommen für unsere Art des Musikmachens.

Grundsätzlich macht es große Freude, sich in der Gemeinde zu engagieren. Es gibt so viele Möglichkeiten, sich und seine Fähigkeiten einzubringen und gleichzeitig viel zu lernen. Je mehr Energie ich hineingebe, desto mehr entsteht – wenn auch nicht immer sofort.

Gunnar Pietsch singt in seiner Freizeit im Friedrichshagener Halboktett. In seiner Arbeitszeit ist er Professor für Sprecherziehung an der Universität der Künste in Berlin.

Ehrenamt in der Arbeit mit Kindern

Katja Geicke

1. Warum engagieren Sie sich ehrenamtlich in der Kirche?
Im Jahr 2009 erkrankte ich sehr schwer und wurde daraufhin EU-Rentnerin. In dieser harten Zeit fand ich meinen ganz eigenen tiefen Glauben. Ich merkte, wie sehr mich viele Antworten auf meine Fragen seelisch heilten und stark machten. Als es absehbar war, dass es mir wieder besser gehen wird, stand für mich fest, dass ich meine tiefe Dankbarkeit durch ehrenamtliches Engagement zeigen möchte. Ich wurde durch unser Sozialnetz aufgefangen, wurde medizinisch bestens versorgt und betreut. Ich erhalte regelmäßig meine Rente, für die andere arbeiten müssen. Dafür möchte ich etwas an die Gesellschaft zurückgeben und habe die Freiheit, etwas zu tun, was mir Spaß und Freude macht. Ich werde gebraucht und stehe nicht im Abseits.

Der Besuch eines Familiengottesdienstes in unserer Gemeinde war dann der Auslöser für mein Engagement. Ich wünsche mir, dass die Kinder gern zu uns kommen, eine schöne Zeit zusammen erleben. Wenn sie sich später an diese Zeiten erinnern, werden sie in ihrem eigenen Leben einen leichteren Zugang zur Kirche und zum Glauben haben. Ich möchte etwas von meinen Erfahrungen, die mich selbst durch schwere Zeiten getragen haben, weitergeben.

2. Was sind Sternstunden Ihres ehrenamtlichen Engagements in der Kirche?
Wenn ich als Privatperson in unserer Kleinstadt unterwegs bin und von Eltern und Kindern angesprochen werde. Wenn sich mittlerweile Teenies an mich erinnern und mich lieb grüßen. Da weiß ich, dass ich Spuren bei ihnen hinterlassen habe, und vertraue darauf, dass diese Spuren sie in ihrem Leben begleiten und den Zugang zum Glauben und zur Kirche erleichtern.

3. Gibt es im Rahmen Ihres Engagements in der Kirche auch Grenzen und schwierige Erfahrungen? Wenn ja, welche?
Ja, durchaus gibt es schwierige Erfahrungen. Wenn man den Mut hat, aus der Masse hervorzutreten und etwas einfach zu tun, muss man damit leben, dass es immer wieder Menschen gibt, die offensichtlich nur kritisieren und selbst leider kein oder kaum Engagement zeigen. Das tut mir für den Moment sehr weh, weil es meine freie Zeit ist, die ich verschenke. Ich erwarte nicht ständig Lob und Anerkennung, finde es aber schwierig, wenn man für seine Arbeit ständig von den gleichen Menschen kritisiert wird. Die Erwartungen sind sehr hoch, auch an ehrenamtliche Mitarbeiter/Innen. Da finde ich es wunderbar, dass auch ich zu vielen Fortbildungen fahren kann. Ich habe bisher noch keine erlebt, die mich nicht weitergebracht hat. Es ist eine Auszeit aus dem Alltag und die sollte man sich ab und zu gönnen.

4. Wie würden Sie andere ermuntern, sich ehrenamtlich in der Kirche zu engagieren?
Das wird leider immer schwieriger. Das Berufsleben gestaltet sich immer härter, so dass viele Menschen, die gern wöllten, andere Verpflichtungen vernachlässigen müssten. Das kann man heute eigentlich nur bei einmaligen Aktionen erwarten. Geht es um kontinuierliche Unterstützung, ist es eine Seltenheit, Ehrenamtliche zu gewinnen. Wichtig ist für mich der persönliche Kontakt. Ich versuche bei unseren Angeboten immer, mit den Eltern ins Gespräch zu kommen. Brauche ich Unterstützung, spreche ich ganz gezielt Menschen in diesem Umfeld an. Das funktioniert immer. Ein Aufruf z.B. im Gemeindebrief ist nicht zu empfehlen. Die Leute möchten heute ganz genau wissen, wofür sie gebraucht werden und welchen Zeitrahmen das in Anspruch nimmt.

Statements Ehrenamtlicher

Katja Geicke ist ehrenamtlich tätig in der ev. KG Bad Liebenwerda und da vor allem in der Arbeit mit Kindern und der Kantorei.

Radebeuler Kinderkirchennacht

Christian Rothe

„Eins zwei drei, die Nacht geht los,
Kinder sind hier, klein und groß.
Die Kirche ist das Nachtquartier,
nur wer mutig ist, schläft hier.
Refrain: Wir sin-gen, wir spie-len, wir be-ten und haben Spaß!"

Mit diesem Rap habe ich vor reichlich 10 Jahren die erste Kinderkirchennacht in Radebeul eröffnet. An dem Spaß der Kinder hatte ich nie gezweifelt – eher an dem Wohlwollen in der Gemeinde, wenn die Kinder ganz praktisch das Gotteshaus in Besitz nehmen. Es gab allerdings nur positive Rückmeldungen und überglückliche Kinder – so hat sich dieses Ereignis als ein Highlight zum Schuljahresabschluss etabliert.

Wir wollen Kinder in der Kirchgemeinde beheimaten, einen bunten Lebensraum anbieten und zu Herzen gehende Erlebnisse ermöglichen. Das Kirchengebäude übt dabei einen ganz besonderen Reiz aus. Die darin verborgenen Schätze kirchenraumpädagogisch zu entdecken ist naheliegendes Medium, um biblische Geschichten, regionale Tradition und das Leben heute miteinander in Kontakt zu bringen.

Die Kinderkirchennächte am Ende des Schuljahres beenden einen in dieser Weise gemeinsam gegangenen Weg und ermöglichen eine besondere Begegnung von Heiligem und Profanem. Das Übernachten in einer Kirche erscheint uns heute vielleicht etwas ungewohnt. Aber beispielsweise die Kirchenburgen in Siebenbürgen oder die Berichte von Pilgerreisen zeugen davon, dass der Schutz Gottes in anderen Zeiten sehr viel handfester gedacht wurde. Mit einer gemeinsamen Kirchennacht kann man authentischer als irgendwie sonst erleben, dass wir nicht mehr Gäste und Fremde im Haus Gottes sind, sondern eine große Gemeinschaft der Gotteskinder. Ein passender Abschluss ist ein Familiengottesdienst am nächsten Morgen mit der ganzen Gemeinde.

Und wie kann das praktisch aussehen? An den Kirchennächten haben circa 20–30 Kinder teilgenommen. Die thematische Ausrichtung war dabei unterschiedlich: Das Jahresthema der Kirchgemeinde, die Jahreslosung, Thema „Licht" oder einfach „Im Haus Gottes". Nicht selten kamen auch kirchenraumpädagogische Elemente zum Zug, wie das Suchen von

fotografierten Schmuckdetails innen oder außen. Im Folgenden möchte ich einen möglichen Ablauf skizzieren:

- Einchecken am späten Nachmittag – Teilnehmerbeitrag einsammeln, Schlafplatz in der Kirche suchen und einrichten
- Eröffnung auf der Wiese neben der Kirche, kurze Belehrung, Einteilen von Gruppen, thematischer Stationenlauf zum Thema rund um die und in der Kirche
- Abendbrot am Lagerfeuer – dabei habe ich Eltern um zusätzliche Unterstützung (Suppe, Teig …) gebeten, danach gemeinsames Aufräumen und Zähneputzen.
- Nachtaktion – das waren z.B. eine nächtliche Turmbesteigung, kleine Orgelimprovisation bei Kerzenschein, getrommeltes Nachtgebet mit afrikanischem Gast oder einfach eine Gute-Nacht-Geschichte im Schlafsack.
- Kurze Auswertung und Planung des Morgens in der Mitarbeiterrunde
- … Zzz …
- Morgengeschichte im Schlafsack für die Zeitigaufwacher
- Gemeinsames Aufräumen der Kirche, Gepäck im Pfarrhaus deponieren.
- Frühstück an der langen Tafel im Garten (auch hier wieder mit elterlicher Unterstützung in der Küche)
- Spielangebot bis zum Beginn des Gottesdienstes

Die gemeinsame Nacht in der Kirche ist in der Regel kurz – Kirchenräume sind für ihre gute Akustik bekannt, jeder hört jedes Flüstern. Nicht selten haben die ersten kurz nach sechs neben der Kirche Fußball gespielt. Vielleicht sollte man die Nachbarn vorwarnen!

Christian Rothe ist Gemeindepädagoge der Lutherkirchgemeinde Radebeul.

Arbeitest du noch – oder lebst du schon?

Was mache ich mit meiner Freizeit am Übergang zur nachberuflichen Zeit?

Cornelia Coenen-Marx

„Arbeitest Du eigentlich noch?" Als ich dieses „noch"
zum ersten Mal hörte, wurde mir bewusst, dass ich über
meinen Ruhestand noch gar nicht nachgedacht hatte.
Arbeit hat für mich mit Lebenslust zu tun, mit
interessanten Begegnungen und neuen Entdeckungen.
Erst bei meinem 60. Geburtstag wurde mir wirklich klar,
dass in dem neuen Jahrzehnt das Ende der Erwerbsarbeit
anstand.

Und als ich kurz darauf krank wurde, war es unweigerlich zu spüren: Ein „weiter so" konnte es nicht geben. Der Wunsch nach „Entschleunigung", den ich schon länger spürte, hatte offenbar auch etwas mit meinem Alter zu tun. Und damit, dass ich lange, zu lange, immer an meine Grenzen gegangen war. In den Briefen, die ich jetzt bekam, war vom „Unruhestand" die Rede, von ganz außergewöhnlichen Projekten und alten Träumen – und auch davon, dass nun endlich Zeit sei, die Freiheit zu genießen. Ohne Stechuhr und Controlling, ohne Gremiensitzungen. „Nichtstun" also – lesen, reisen, schreiben und das Leben feiern. Der Eintritt in die Rente ruft die unterschiedlichsten Bilder wach – von der Erwerbsarbeit, aber auch vom Alter.

„Arbeitest Du noch – oder lebst Du schon?" Noch nie in der Geschichte sind Menschen so gesund alt geworden, noch nie war die Breite der Bevölkerung so gut ausgebildet, so kompetent und selbständig wie heute, noch nie gab es auch so viele Möglichkeiten, sich selbst zu vernetzen und gut zu organisieren. 73 Prozent der Befragten ab 60 Jahren fühlen sich jünger, als sie es vom chronologischen Alter her sind – und zwar im Durchschnitt 5,5 Jahre. Von Power-Agern ist jetzt die Rede; die 68-er gehen in Rente. Autoren und Künstlerinnen wie Christine Westermann, Udo Lindenberg oder die Rolling Stones bleiben selbstbewusst in der Öffentlichkeit und zeigen uns neue Bilder vom Alter. Andere starten noch einmal durch, gründen ein Start-up oder gehen als Entwicklungshelferin ins Ausland. Eine Sekretärin wird Fotografin, ein Anwalt Spiele-Unternehmer, eine befreundete Ärztin ging mit Anfang 60 in ein afrikanisches Krankenhaus, ich selbst habe mein kleines Unternehmen „Seele und Sorge" gegründet. Wenn das, was wir in der ersten Karriere aufgebaut haben, sich anfühlt, als seien wir rausgewachsen, wird es Zeit, sich an die alten Träume zu erinnern, um neuen Sinn zu entdecken, unsere ganz eigene Berufung. Solche „zweiten Karrieren", „En-core-Projekte" werden in amerikanischen Community-Colleges ganz bewusst gefördert und angestoßen. Für die, die da noch einmal studieren, kommt es nicht auf Einkommen und Karriere an – sie wollen sich einmischen, ihre Erfahrungen einbringen, etwas zurückgeben an die, die Unterstützung brauchen.

Die Vorstellung, die gesunden Jahre zwischen 60 und 75 mit Freizeitgestaltung zu verbringen, finde ich nicht nur persönlich schwierig – sie ist auch gesellschaftspolitisch fragwürdig. Arbeit tut dem Selbstbewusstsein gut, sie lässt uns an unseren Aufgaben wachsen. Aber wer heute jung ist und nur einen befristeten Arbeitsplatz hat, fühlt sich unter enormem Leistungsdruck, wer Familie und Beruf vereinbaren will, hat in der Regel zu wenig Zeit für Kinder und Partnerschaft und viele Arbeitnehmerinnen und Arbeitnehmer in den letzten Berufsjahren leiden unter zunehmendem Stress. Der letzte Alterssurvey zeigt: Immer weniger Erwerbstätigen gelingt ein nahtloser Übergang in die Rente. Viel häufiger sind Übergänge aus der Arbeitslosigkeit oder aus der Altersteilzeit, während das Renteneingangsalter wieder erhöht wird. Tatsächlich wäre ein späterer Eintritt mit 67, 68 oder sogar 70 für viele kein Problem, wenn unsere Arbeitswelt besser auf die unterschiedlichen Lebensabschnitte reagieren könnte, statt Menschen in starre Konzepte von Zeitstrukturen und Lebensaltern zu zwingen. Der Alterssurvey der Bundesregierung zeigt für 2014 bereits 11 Prozent Rentner, die weiter erwerbstätig sind – und zwar über alle Schichten hinweg und keinesfalls nur aus finanziellen Gründen.

Umgekehrt wird, wer einmal ein Sabbatjahr erlebt hat, viel besser vorbereitet sein auf die neue Freiheit nach der Erwerbsarbeit. Immer mehr Firmen ermöglichen Homework und mobile Arbeitszeitkonten, immer öfter gibt es weder feste Bürozeiten noch Stechuhr. Und in Dienstleistung, IT und der Kreativbranche wächst die Zahl der Soloselbständigen, die sich selbst ihre Netzwerke schaffen. Vor einigen Jahren hat ein Buch mit ➜

Wer die Arbeit aus der Hand
und die To-do-Liste beiseitelegt,
gewinnt einen anderen Blick auf das, was ist.

Foto: jd-photodesign/Fotolia

dem Titel „Die Vier-Stunden-Woche" Aufsehen erregt – und es gibt sie, die Blogger und Internet-Verkäufer, die diesem Ziel nähergekommen sind. Wir gehen auf eine Tätigkeitsgesellschaft zu. Die Digitalisierung könnte es möglich machen, dass die Gewichte zwischen Arbeit und Muße sich zu Gunsten der Freiheit verschieben.

Tätigsein ist mehr als Geldverdienen. Auch bürgerschaftliches Engagement, Haus- und Familienarbeit oder Gartengestaltung sind eine Plattform für Teilhabe, eine Quelle von Energie und Lebenslust. Vielleicht tun sich Frauen deshalb leichter mit dem Übergang in den dritten Lebensabschnitt, weil sie noch immer den größeren Teil der Haus- und Familienarbeit übernehmen. Vor 20/30 Jahren habe ich sie als Gemeindepfarrerin noch die Ehekrisen der Paare beim Renteneintritt erlebt, wenn plötzlich die alte Rollenteilung in Frage stand, weil der Partner gern einmal einkaufen und kochen wollte oder weil die Partnerin sich fragte, ob es richtig war, beruflich zurückzustecken und sich um die Familie zu kümmern, während er „mit der Firma verheiratet" war? Finanziell jedenfalls nicht, das wird bis heute Frauen ab Mitte 50 mit Schrecken klar. Denn trotz Ehegattensplitting, Mitversicherung und Witwenrente steigt die Altersarmut von Frauen. Bis heute geht es in dieser Phase noch einmal um Rollen- und Aufgabenteilung und die Zeitrhythmen von Paaren. Ich selbst genieße es, bei beruflichen Reisen jetzt öfter einmal mit meinem Partner zusammen unterwegs zu sein und einen Städtetrip anzuhängen.

„Früher war klar: Kinder lernen, Erwachsene arbeiten, und die Alten ruhen sich aus. Das ist passe", sagt Ursu-

la Staudinger, die Alternsforscherin aus New York. „Wir wissen aus der Forschung, dass es wichtig ist, im Leben mehrere Dinge zu haben, für die man sich interessiert. Wer sich aktiv bemüht, Veränderungen in der Welt mitzukriegen, wird den Anschluss nicht verlieren." Mehr und mehr Unternehmen bieten mit Corporate Volunteering oder Senior Expert Service Programme an, die den Übergang von der Erwerbstätigkeit in das bürgerschaftliche Engagement zu gestalten helfen. In Psychologie heute erschien im August 2016 eine Untersuchung über den Übergang aus der Erwerbsarbeit in die neue Freiheit. Da zeigen sich drei Wege: Es gibt die „Weitermacher", die als Seniorberater, Freiberufliche oder Honorarkräfte oder auch ehrenamtlich weiter in ihrem Arbeitsfeld unterwegs sind – mit ihrer Erfahrung sind sie gefragt, solange sie nah genug dranbleiben an den innovativen Entwicklungen im Feld. Und dann gibt es die Anknüpfer, die aus ihren bisherigen Kompetenzen etwas Neues entwickeln. Wir kennen das von Sportlerkarrieren: vom Spieler zum Manager oder zum Sportartikelhersteller. Und schließlich die Befreiten, die froh sind, endlich rauszukommen aus einem Job, den sie als entfremdet erlebt haben. Sie finden ihr Glück vielleicht jetzt in einem Ehrenamt, im Sportverein oder in der Hospizarbeit. Die heutige Generation der 55–69-Jährigen engagiert sich besonders stark im lokalen Bürgerengagement.

Schreiben, reden, Menschen beraten – mit der Gestaltung meiner Selbständigkeit in der dritten Lebensphase gehörte ich selbst zu den „Anknüpfern". Dabei bin ich froh, dass ich krankheitsbedingt schon vor dem Erreichen der beruflichen „Altersgrenze" abgesprungen und weitergegangen bin. Denn es braucht eine Zeit, ein

Start-up aufzubauen. Und auch, um einen neuen Rhythmus zu finden – entschleunigt und selbstbestimmt den eigenen Vorlieben nachzugehen, die eigenen Grenzen zu achten und sich zu freuen an dem, was man beitragen kann. „Slow work" nenne ich das. Inzwischen spüre ich, dass es im Älterwerden noch um mehr geht: nicht nur, um eine andere Art zu arbeiten, sondern auch, um eine andere Art, „Arbeit und Freizeit" zu verknüpfen, wie Ursula Staudinger sagt. Also auch um die Erfahrung, dass Arbeit nicht alles ist. Wir sind mehr als das, was wir bewirken, tun und leisten können. Das galt und gilt natürlich nicht nur für das Alter – das erfahren wir in Krankheiten, in Liebesbeziehungen und auch wenn wir einfach nur spielen und feiern. Aber im Stress vergessen wir es zu leicht.

Darum liebe ich auch das „Feierabend-Gefühl", wenn der PC herunterfährt, wenn wir zum Abendessen die Kerzen auf den Tisch stellen, dazu vielleicht ein Glas Wein. „Endlich frei", selbst wenn nicht „alles erledigt ist" – diese FREIzeit weist auf eine andere Wirklichkeit hin, auf den Sabbat. Den siebten Tag der Schöpfung, an dem selbst Gott von der Arbeit ruhte und damit alle seine Werke „vollendete". Das kann jeder und jede von uns selbst erleben: Wer die Arbeit „aus der Hand legt" und die To-do-Liste beiseitelegt, gewinnt einen anderen Blick auf das, was ist.

Das ist die Chance der Kür nach der Pflicht, des selbstbestimmten Tuns nach der Erwerbsarbeitsphase. Die Anspannung geht zurück, es gibt keinen Grund mehr,

sich zu rechtfertigen. Das liebe ich auch an der dritten Lebensphase: dass Zeit ist, Früchte reifen zu lassen. Früchte, die lange gewachsen sind, bei Sonne und Regen, in ganz unterschiedlichen Lebensphasen. Jetzt kommt es darauf an, sich vorbehaltlos, ohne Eitelkeit und Anstrengung an dem zu freuen, was wächst – wie Großeltern sich freuen an ihren Enkeln. Und etwas weiterzugeben vom Ertrag unseres Lebens. Kirche und Diakonie haben inzwischen vielfältige Plattformen für dieses Engagement geschaffen – von Leihoma-Projekten über Friedensdienste und den Bundesfreiwilligendienst bis zu Job-Paten und Demenzbegleitern. Plattformen, auf denen ganz unterschiedliche Menschen einander begegnen. „Wenn wir nicht allein bleiben und nicht nur privatisieren wollen", schreibt Lisa Frohn in ihrem Twitter-Buch „Ran ans Alter", dann brauchen wir Räume, wo wir hingehen können. Um andere zu treffen. Um uns auszutauschen. Um gemeinsam etwas zu tun. Um uns als gesellschaftliche Wesen zu erleben." Das ist es, was die Antike mit „Muße" meinte: pure Lust am Leben und seinen vielen Gestalten.

Cornelia Coenen-Marx, Oberkirchenrätin a.D., war Leiterin des Referats Sozial- und Gesellschaftspolitik der EKD. 2015 machte sie sich mit dem Unternehmen „Seele und Sorge" selbständig (www.seele-und-sorge.de).

... *am siebten Tage sollst du ruhen ...*

Freizeitverhalten auf Mallorca

Heike Stijohann

Blitzlichter aus der Urlauberseelsorge

... vor mir fährt er auf seinem Rennrad den Berg hinauf – er sieht nicht rechts oder links, den Blick fest auf den Asphalt geheftet. **Es ist Mittag geworden, die Sonne brennt fast senkrecht und sein Gesicht ist vor Anstrengung krebsrot –** untrainiert soll nun die eine Woche Auszeit die Fitness oder die Figur wiederbringen (nahezu täglich erleiden Touristen in der Hochsaison einen Herzinfarkt) ...

... „Malle ist nur einmal im Jahr" ... **sie ist betrunken vom Hocker gefallen** – auf den Tisch mit den Biergläsern – die Lunge ist verletzt, zum Glück gelingt die OP ...

... „es sollte doch für uns alle ein schöner Urlaub werden, wir wollten endlich Zeit miteinander haben – **und jetzt gibt es nur Streit** ... vielleicht passen wir gar nicht (mehr) zusammen ..."

Situationsbeschreibung

Eigentlich ist Mallorca eine wunderschöne Insel mit wunderbarer Natur, mit Angeboten für Sportfans, mit Sonne und Meer und Bergen, mit Ausflugszielen, ein Ort, an dem man „schöpfungstheologisch" gedacht, „zur Ruhe kommen" könnte, etwas für sich tun, man hätte Zeit für Regeneration, für die Gesundheit und die Beziehung.

„Der Sabbattag der Woche weist über sich hinaus auf das Sabbatjahr." ... „Der Sabbat steht nicht im Kontinuum der Arbeitszeit, sondern ist ihre Unterbrechung im Zur-Ruhe-Kommen der Menschen und in dem In-Ruhe-Lassen der Natur. Der Sabbat öffnet dadurch Mensch und Natur für die Ankunft der ganz-anderen Zeit des Messias. Er macht sie bereit für die Ankunft des Messias mitten in der Vergänglichkeit."... „Er kommt im Alltäglichen und bringt den Traum der Erlösung ins Unscheinbare des gelebten Lebens." (Jürgen Moltmann, „Wer ist Jesus Christus für uns heute?" KT 129,Gütersloh 1994, S. 103 f.)

Aber der Wechsel von Arbeit und Ruhe, Alltag und Sabbat gelingt nicht mehr. Das Wochenende wird überfrachtet mit all den Dingen, die liegen geblieben sind – und das betrifft ebenso den Urlaub.

„Urlaub" steht im Gegensatz zum Alltag – als „eigentliche Zeit", als „Wunsch-Lebens-zeit". Der Urlaub, die Frei-zeit soll leisten, was im Alltag liegen bleibt. Das zu kurz gekommene Hobby, der sportliche Ausgleich, die Beziehung zum Partner... Damit ist der Urlaub im Handumdrehen „heillos" überfrachtet.

Er wird verplant, Ruhe, freie Zeit haben kaum noch Platz. Im Gegenteil, „Freizeitstress" – eigentlich ein Unwort – wird zum Gesundheits- und Beziehungsrisiko.

Auch junge Menschen, die hier „abfeiern" wollen, die einfach nur „raus" wollen – aus dem Alltag, aus der Arbeit, aus dem Druck, möchten „frei haben", feiern, Gemeinschaft erleben – aber letztlich kommen auch hier erst viele zur Ruhe, wenn sie sich vorher mit genügend Alkohol (oder Drogen) abgeschaltet haben. Wie in einem Brennglas lassen sich hier auf Mallorca „Freizeit-Träume", die zum Alptraum werden können, erleben – und das generationenübergreifend.

Denn auch viele Senioren, die sich im „Ruhe"-stand hier niederlassen, haben die Balance zwischen Alltag und Sabbat früher nicht geschafft. Jetzt steigen sie aus – und lassen gleichzeitig ihre ganzen sozialen Beziehungen zu Vereinen, Nachbarn, Kollegen und Freunden hinter sich.

Man ist sich genug – und merkt nicht, wie man sich Stück für Stück isoliert und vereinsamt.

Angebote der Gemeinde vor Ort

Weil sich die Hektik unseres Alltags auf unser Freizeitverhalten überträgt und sich dann oftStress in der Arbeit mit Stress in Sport und Freizeit und Urlaub abwechseln, wollen wir bei unseren Wanderungen andere Akzente setzen:

Einmal monatlich bieten wir „Meditatives Wandern", Wandern für Leib und Seele an, das dem Körper „gut tut", und gleichzeitig Impulse gibt für Entspannung, Besinnung und Nachdenklichkeit.

Das heißt, es geht nicht darum schneller, weiter und höher zu wandern, sondern mit offenen Augen und Ohren, in Ruhe die wunderbare Schöpfung zu erleben. Dabei setzen wir in den Pausen unterwegs immer wieder mit Texten und Gesprächen Akzente, die Leib und Seele guttun.

Die „ausgestiegenen" Residenten auf der Insel laden wir ein zu Festen und Gottesdiensten, zu Begegnungsmöglichkeiten mit Zeit (wie z. B. Boulen, Kochen, Tanzen oder Rad-Fahren) und wir versuchen, einen Besuchsdienst aufzubauen, in dem man sich Zeit und Gespräch schenkt.

Nachhaltig wünschenswert: eine Gemeindepädagogik der „Freien Zeit"

Was wir theologisch wissen, kommunizieren wir m.E. in unseren Gemeinden zu wenig. Es gäbe an dieser Stelle mit Sicherheit „Gesprächsbedarf" – nicht erst im Urlaub, sondern im Alltag. Wir beschäftigen uns in unseren Gemeinden viel mit Menschen, „die Zeit haben" – und erreichen die „Keine-Zeit-Menschen" kaum noch. Vielfach haben sie den Kirchen den Rücken gekehrt, weil sie auch dafür „keine Zeit mehr haben".

Es wäre ein lohnendes Projekt, „Frei-Zeit" in Gemeindegruppen ins Gespräch zu bringen und und den Sabbat/die Ruhe wieder zu feiern: bei den Eltern in den Krabbelgruppen, bei den Konfirmanden, mit pflegenden Angehörigen, mit Kirchenältesten und Mitarbeitern, mit den Menschen, die wir erreichen.

Dabei könnten wir den Fragen nachgehen:Was bedeutet „Freizeit" für mich – oder für uns: Wünsche, Träume, Belastungen teilen.

Den Sabbat wieder lernen, gemeinsam mit kleinen Schritten anfangen, gemeinsam reflektieren.

Heike Stijohann ist Pfarrerin und Seelsorgerin auf den Balearen.

„Café Feuer und Flamme"

Ein offenes Café für Seniorinnen und Senioren am Pfingstmontag

Kerstin Frerichs

Die Projektidee

Feiertage – Zeit für die Familie, für Gemeinschaft und gutes Essen. Und was machen ältere Menschen, die keine Familie (mehr) haben? Oder deren Kinder und Enkel weit weg wohnen? Auf Gemeinschaft verzichten?

Diese Fragen gingen mir durch den Kopf, als ich die Idee zum Projekt „Café Feuer und Flamme" entwickelte. Ich hatte einige der Senioren vor Augen, die mir in meinem Arbeitsumfeld in Hamburg-Lurup immer wieder begegnen, die besonders an Feiertagen spüren, dass sie alleine sind. So lag die Idee nahe, genau für diese Zielgruppe ein Projekt zu initiieren, das gegen Einsamkeit und für Gemeinschaft und Geselligkeit steht.

Warum an Pfingsten?

Pfingsten ist ein kirchliches Fest, das zwar emotional nicht so stark besetzt ist wie Weihnachten oder Ostern, trotzdem können auch diese Tage für Senioren, die alleine leben, ein Spiegel ihrer Einsamkeit sein. Zudem bieten die Pfingsttage kaum Aktivitäten, vom möglichen Gottesdienstbesuch am Pfingstsonntag abgesehen, da weder Gruppen oder Veranstaltungen in der Gemeinde stattfinden noch andere Einrichtungen im Stadtteil an diesen Feiertagen geöffnet haben. Da nicht einmal ein Bummel durch die Einkaufsläden möglich ist, kann das Café eine willkommene Möglichkeit der Begegnung sein.

Der Name „Feuer und Flamme" lehnt sich dabei an die Pfingstgeschichte an, die von den Flammenzungen über den Köpfen der Jünger berichtet, als sie vom Heiligen Geist erfüllt wurden.

Offenheit und Geselligkeit in der Emmaus-Kirchengemeinde

Angesiedelt ist das Projekt in der Emmaus-Kirchengemeinde Hamburg-Lurup, eine Gemeinde, die traditionell gesellige Veranstaltungen für Menschen jeden Alters anbietet. Das niedrigschwellige Angebot eines Cafés für Senioren steht also in genau dieser Tradition und soll Gelegenheit geben, Zeit miteinander zu verbringen, neue Menschen und die Gemeinde kennenzulernen und nebenbei kulinarisch verwöhnt zu werden. Die Atmosphäre soll offen und ansprechend gestaltet werden, so dass das Café einladend ist für kirchennahe und kirchenferne Seniorinnen und Senioren.

Geselligkeit und Kirche – passt das zusammen?

Die Projektidee knüpft konzeptionell an die EKD-Denkschrift „Im Alter neu werden können" aus dem Jahr 2009 an. Dort werden fünf Bereiche der Arbeit mit Älteren benannt, u. a. der Bereich „Begegnung und Unterhaltung", in dem es um Gelegenheitsstrukturen für Begegnungen im Alter geht. Durch solche Strukturen können Menschen angesprochen werden, die zwanglos andere treffen wollen und dabei sich selbst mit ihren Erfahrungen und Lebensentwürfen einbringen können. Somit entspricht das Projekt genau dieser Idee, Kirche als Ort der Begegnung und Geselligkeit zu nutzen, milieuübergreifend und stadtteilorientiert. An diesem Tag finden, wie schon erwähnt, keine weiteren Angebote oder Veranstaltungen im Stadtteil statt, so dass dieses Café ein einmaliges Angebot im Umfeld der Emmaus-Kirchengemeinde ist.

Da die Erfahrungen mit Kirche sicherlich sehr unterschiedlich sind, ist es wichtig, sich in der Arbeit mit älteren Menschen um Einzelne zu bemühen und die Türen, bildlich gesprochen, so weit auf wie möglich zu machen, so wie es auch Christoph Alber in seinem Beitrag „Klassische und neue Ansätze in der Seniorenarbeit" im Buch „Gemeindepädagogik" (2014) beschreibt. Das Angebot eines offenen Cafés bietet da eine niedrigschwellige, aber niveauvolle Form der Begegnung und Aktivität, ohne den „Stempel" Kirche zu stark zu betonen. Der Hintergrund einer kirchlichen Veranstaltung ist natürlich deutlich (Gemeindehaus als Veranstaltungsort), aber ansonsten soll das „Café Feuer und Flamme" keine theologischen oder spirituellen Aspekte beinhalten.

Feuer und Flamme für das Projekt – das Team der Ehrenamtlichen

Wie in quasi allen Bereichen kirchlicher Arbeit ist auch die Arbeit mit Seniorinnen und Senioren auf das Engagement von Ehrenamtlichen angewiesen. So wollte auch ich Ehrenamtliche für mein Projekt gewinnen und stellte die Idee zu Beginn des Jahres im Kirchengemeinderat der Emmaus-Kirchengemeinde vor. Die Resonanz haute mich positiv um: Sofort meldeten sich mehrere der Kirchengemeinderäte und sagten ihr Engagement zu, da sie die Idee genauso begeisterte wie mich. Zudem wurde ein Fahrdienst geplant, der die nicht mehr so mobilen Damen und Herren am Pfingstmontag ins Gemeindehaus bringen sollte. Ich kündigte schließlich ein Vorbereitungstreffen im März an, zu dem ich die Interessierten einlud, und das dann die Projektidee in eine konkrete Form bringen sollte.

Das „Café Feuer und Flamme" nimmt konkrete Formen an

Mitte März traf ich mich mit drei Ehrenamtlichen (alle männlich!) aus dem Kirchengemeinderat, um das Café genau zu planen. Zwei Frauen, die ebenso mit dabei sein wollten, konnten zu dem Treffen nicht kommen, so dass das Team aus insgesamt fünf Ehrenamtlichen und mir bestand. Da es ein offenes Café ist, zu dem sich nicht angemeldet werde musste, gingen wir von geschätzten 20 Teilnehmern aus. Anknüpfend an bestehende Kreise und Seniorinnen und Senioren aus dem Umfeld der Gemeinde, die Interesse haben könnten und zu geselligen Veranstaltungen gerne kommen, hatten wir uns auf diese Zahl geeinigt.

„Davon habe ich gehört!"

Das „Café Feuer und Flamme" brauchte natürlich auch Werbung. Über Schaukästen, Plakate, Flyer, Gemeindeblatt und lokale Zeitung wurde über das Projekt informiert. Die Mund-Propaganda ergänzte dies sehr gut: innerhalb und außerhalb der Gemeinde.

Da ich nicht nur in der Emmaus-Kirchengemeinde in Lurup für Seniorenarbeit zuständig bin, sondern auch in den zwei benachbarten Kirchengemeinden, war das Projekt auch dort bereits bekannt. Es freute mich besonders, dass doch einige Senioren dieses Café als Aufhänger nahmen,

die Nachbargemeinde Emmaus einmal zu besuchen, was natürlich der Vernetzung der Gemeinden nur gut tut.

Das „Café Feuer und Flamme" öffnet seine Türen

Das Café fand am Pfingstmontag 2018 in der Zeit von 15-17 Uhr im Saal der Emmaus-Kirchengemeinde Hamburg-Lurup statt. Es wurden Gruppentische gestellt und hübsch eingedeckt, mehrere Kuchen wurden von den Ehrenamtlichen gebacken, Kaffee und Tee angeboten und ein kleines Programm wurde vorbereitet.

Der Schwerpunkt der Veranstaltung sollte in der Begegnung und im Kennenlernen liegen, jedoch war es ein Wunsch des Teams und auch von mir, Impulse zum Gespräch und zum Austausch einzubauen. Dies wurde u.a. mit „biographieorientierten Gesprächsspielen" umgesetzt: hübsch gestaltete Karten mit Fragen zu einem Thema lagen verdeckt auf dem Tisch. Diese wurden nacheinander gezogen und vorgelesen, von der entsprechenden Person beantwortet und als Frage in die Runde gegeben. Ein Spiel, das ich durch die Beauftragte für Seniorenarbeit in der Oldenburgischen Landeskirche, Rita Kusch, kennengelernt habe, ist: „Das erste Mal". Dabei geht es um Dinge oder Ereignisse, die die Seniorinnen und Senioren irgendwann früher das erste Mal gemacht oder erlebt haben, z.B. der erste Kinobesuch, die erste Dauerwelle, das erste Weihnachten nach dem Krieg, der erste Schultag, die erste Arbeitsstelle usw. Dies ist ein schönes Spiel, um locker ins Gespräch zu kommen und nur so viel von sich preiszugeben, wie man möchte. Es sollte die Möglichkeit der Beteiligung gegeben werden, um nicht nur passiver Besucher zu sein, sondern

sich selbst mit seinen (Lebens-) Geschichten in einem Rahmen, der selbst abgesteckt werden konnten, einzubringen.

„Café Feuer und Flamme": so war es …

Das Café war ein voller Erfolg! 40 Menschen aus allen drei Gemeinden (und darüber hinaus) strömten ab 14.30 Uhr ins Gemeindehaus, so dass wir sogar einen Kaffeetisch zusätzlich aufbauen mussten. Die Tische waren bunt gemischt, so dass Damen und Herren aus verschiedenen Zusammenhängen beieinandersaßen und sich rege unterhielten. Tatsächlich waren auch einige Senioren gekommen, die zum ersten Mal in der Emmaus-Kirchengemeinde zu Gast waren, so dass der Gedanke der weiteren Vernetzung der Luruper Gemeinden voll aufging.

Nach Begrüßung und erstem Kaffee und Kuchen führte ich einige Programmpunkte durch, wie z.B. das oben erwähnte biographieorientierte Gesprächsspiel. Aber auch Gesprächsimpulse zum Thema Pfingsten kamen „ins Spiel", wie z.B. Fragen nach bekannten Pfingstbräuchen, Unternehmungen mit der Familie an Pfingsten in der Kinderzeit oder nach Pfingstliedern. Dadurch inspiriert zitierte eine Dame spontan ein lustiges, plattdeutsches Pfingstgedicht, dem viel Applaus gespendet wurde.

Darüber hinaus legte ich Worte in anderen Sprachen, die mehr oder weniger mit der Pfingstgeschichte zu tun hatten, auf die Tische und die Gäste sollten anhand einer Liste der deutschen Übersetzungen erraten, was diese Worte bedeuten. Dies wurde mit viel Ehrgeiz und Spaß gemacht, und einige waren erstaunt, wie viel Türkisch, Spanisch oder Italienisch sie doch „verstehen".

Am Ende des Nachmittages griff ich mit Hilfe von Schlagern aus den 60er Jahren das Thema Hören und Verstehen noch einmal auf: ich spielte 2–3 Sekunden lange Anfänge von Schlagern vor, stoppte und ließ dann die Lieder raten – eine leichte Übung für alle, die diese Musik noch gut in den Ohren hatten. Die Lieder wurden natürlich auch ausgespielt und begeistert mitgesungen, von „Ganz in Weiß" von Roy Black bis „Er steht im Tor" von Wencke Myrrhe.

Die Stimmung war über den ganzen Nachmittag sehr gut und gelöst, viele sind mit lachenden Gesichtern nach Hause gegangen – toll!

Perspektiven

Das Team der Ehrenamtlichen und ich waren am Ende des Tages so begeistert, dass für uns schnell klar war, dass wir auch an anderen Feiertagen, wie z.B. Weihnachten oder Ostern, weitere Cafés anbieten wollen. Also: Feuer und Flamme sein gilt nicht nur an Pfingsten!

Kerstin Frerichs ist Diplom-Religionspädagogin und Diplom-Sozialpädagogin. Seit Dezember 2016 ist sie zuständig für den Bereich Seniorenarbeit des Kirchengemeindeverbandes Hamburg-Lurup/ Osdorfer Born.

Nachelterliche Gefährtenschaft –

als Paar im Älterwerden Zeit gemeinsam neu gestalten*

Christoph Haberer

* In diesem Artikel wird bei „Paar" immer von Frau und Mann gesprochen. Gleichgeschlechtliche Paare sind aber durchaus auch gemeint.

Vor Kurzem habe ich auf einer Tagung einen neuen Begriff gelernt: die „Nachelterliche Gefährtenschaft". Die Referentin führte aus, dass diese Zeit für die heutigen Paare mit ihrer durchschnittlichen Lebenserwartung die längste Phase in ihrem gemeinsamen Leben ist. Es ist also durchaus lohnend, einen Blick auf diese Zeit zu werfen, bzw. sich damit zu beschäftigen. Vielen Paaren dürfte nicht bewusst sein, dass sie, wenn die Kinder selbstständig sind, noch einmal eine sehr lange gemeinsame Zeitspanne vor sich haben können. Paare ohne Kinder erleben dies naturgemäß anders. Aber auch für sie gilt,– vorausgesetzt, beide Partner sind berufstätig –, dass nach dem Ausscheiden aus dem Beruf ein neuer, langer gemeinsamer Zeitabschnitt anbrechen kann.

Es soll also im Folgenden um Paare in den 60ern gehen, an der Schwelle zur Rente, wenn die Kinder aus dem Haus sind und das Ende der Berufstätigkeit eine neue Lebenssituation schafft und mehr gemeinsame Zeit zur Verfügung steht, die gefüllt werden will.

Aber wann beginnt „Älterwerden"? Die wenigsten wachen mit 65 auf und stellen fest, dass sie alt geworden sind. Älterwerden ist ein Prozess, der sich über viele Jahre hinzieht und früher oder später ins Bewusstsein dringt und mit dem umgegangen werden muss. Menschen altern unterschiedlich und stellen sich diesem Prozess auf unterschiedliche Weise. Die Spannbreite reicht vom Verleugnen bzw. dem Erleben einer schweren Kränkung bis zu aktivem Gestalten der sich ändernden Möglichkeiten. Männer und Frauen altern unterschiedlich. Während es bei Frauen durch die Wechseljahre einen deutlichen Einschnitt gibt, können Männer sich länger der Illusion hingeben, jung und unverändert zu sein. Aber auch für sie gibt es biologische Faktoren, die ihnen klar machen, dass die Jugend nicht ewig währt.

Dies sind zunächst individuelle Vorgänge. Wie sieht es nun bei den Paaren aus? Die Lebens- und Entwicklungsaufgaben von Paaren sind ebenfalls Prozesse, die gemeinsam durchlaufen werden (müssen). Egal, ob das Paar Kinder hat, also eine ganze Zeit seines Erwachsenenlebens ein Elternpaar ist, oder nicht, der gemeinsame Weg als Paar wird in aller Regel dann gut verlaufen, wenn es ein ausreichendes Maß an Kommunikation gibt. Dabei geht es nicht nur um Quantität, sondern vor allem um die Qualität. Es gibt Studien, die belegen, dass deutsche Paare heute mehr kommunizieren als früher. Allerdings wird meist Organisatorisches besprochen. Die Qualität kann daran festgemacht werden, dass das eigene Innenleben, die Gefühle, Gedanken, Freuden und Ängste miteinander geteilt werden. Der gemeinsame Blick auf uns als Paar ist wichtig für das Gefühl der Gemeinschaft und Zusammengehörigkeit. Auch im Alltag muss ein Paar sich immer wieder Zeit für sich selber geben und sich in den Mittelpunkt stellen. Wie geht es uns miteinander? Wo wollen wir noch hin – gemeinsam? Was wollen/müssen wir ändern? Was ist uns jeweils wichtig und was wünschen wir uns vom anderen?

Dabei ist gerade der Austausch über die jeweiligen Gefühle und Befindlichkeiten wichtig. Es ist sicher verbindend, gemeinsame Projekte zu haben, gemeinsame Ziele, an denen gearbeitet wird. Aber wenn diese Projekte dazu dienen, z.B. Konflikte zu übertünchen, wird die Beziehung auf Dauer Schaden nehmen. Eine Zeit lang kann Projekt auf Projekt folgen, aber spätestens, wenn alle abgearbeitet sind oder wenn das Alter, die schwindende Kraft und Energie oder auch körperliche Einschränkungen durch Krankheit nicht mehr zu leugnen sind, wird das Eis der Beziehung dünn. Und das wirkt sich auf die Möglichkeiten aus, die gemeinsame Zeit im Älterwerden neu zu gestalten.

Die gemeinsame Zeit zu gestalten sollten Paare nicht erst im Alter als eine gemeinsame Aufgabe angehen. Schon mit dem ersten Kind – oder dem beruflichen Engagement beider Partner – ist es wichtig, dass Paare sich Zeit für sich als Paar nehmen. Das ist ein wiederkehrender und essenzieller Punkt in der Beratung von jungen Paaren und gilt unverändert durch alle Phasen des Paarlebens hindurch. Die Gefahr, sich aus den Augen zu verlieren, ist bei den vielen, anstrengenden Anforderungen aus Beruf und Elternschaft sehr groß. Paare, die ein Bewusstsein davon haben und sich Zeit füreinander nehmen, werden im Älterwerden weniger Schwierigkeiten haben, gemeinsame Zeit zu gestalten, als Paare, die sich in Projekten und Aktivitäten verlieren, ohne wirklich im Kontakt miteinander zu sein.

Gemeinsame Zeit zu gestalten fällt leichter, wenn beide Partner auch in der Lage sind, jeweils Zeit für sich allein zu gestalten, bzw. mit eigenen Kontakten, Interessen und Aktivitäten zu füllen. Auch das kann/muss schon vor dem Älterwerden angegangen werden. Fixierung ausschließlich auf die Partnerin/den Partner schafft Abhängigkeiten, die zu Konflikten führen können, jedenfalls, wenn beide das unterschiedlich sehen und für sich wünschen. Jeweilige Unabhängigkeit und dazu eine gemeinsame Schnittmenge sind ein gutes Modell. Ungefähr so sollte das aussehen: ➔

Gerade für Männer ist das immer noch ein Problem, weil sie es gewohnt sind, dass in der Partnerschaft eher die Frau für Aktivitäten und soziale Kontakte sorgt. Ihnen genügt es oft, Zeit mit ihrer Frau zu verbringen und ihr den Rest zu überlassen. Frauen haben öfter und mehr soziale Kontakte, vor allem auch zu anderen Frauen. Wenn nun der Mann aus dem Berufsleben ausscheidet, fällt er eher in ein Loch und die Erwartung an seine Frau steigt. Wenn die Frau dann – berechtigterweise – an ihren eigenen, exklusiven Kontakten festhalten will, sind Konflikte vorprogrammiert.

Das heißt, die Balance zwischen Eigenständigkeit und Gemeinsamkeit sollte schon vor dem Älterwerden gefunden und gepflegt werden. Eigenständige Kontakte und Aktivitäten steigern die individuelle Zufriedenheit und bereichern nicht nur dadurch die Beziehung. Ein ausgewogenes Maß an Selbstständigkeit und Unabhängigkeit macht die gemeinsame Zeit umso wertvoller.

Jetzt aber endlich zur gemeinsamen Zeit. Da sind abgesehen von materiellen und gesundheitlichen Bedingungen wenig Grenzen gesetzt. In der Regel haben sich Paare ja durch gemeinsame Interessen gefunden, sei es Sport, Kultur, Politik oder Natur. Es ist zu hoffen, dass – wie oben besprochen – im Lauf der Partnerschaft diese Gemeinsamkeiten nicht völlig verschüttet wurden. Wenn endlich Zeit ist, kann verwirklicht werden, was in den Jahren zuvor zu kurz kommen musste. Aber selbstverständlich können durch die gewonnene Zeit neue „Projekte" auch gemeinsam entwickelt werden. Statistisch sind ältere Menschen mit ihrem Leben zufriedener als Mittvierziger und sie sind gut dafür zu gewinnen, sich für andere zu engagieren – z.B. im Ehrenamt. Auf gemeindlicher Ebene ist es gut, wenn die Männer in den Blick genommen werden. Für sie ist das Älterwerden eher mit Einschränkungen in den sozialen Kontakten verbunden. Und es ist sicher gut für sie, wenn sie ein Angebot vorfinden, das sich an sie als Männer richtet. Die gemeinsame Zeit in der Gemeinde kann davon nur profitieren.

Christoph Haberer ist Diplom-Psychologe. Er leitet die Evangelische Beratungsstelle Stormarn im Kirchenkreis Hamburg-Ost.

Kolumne

Jeremias Treu

Jeremias Treu ist Studienleiter für Konfirmandenarbeit im Amt kirchlicher Dienste der Evangelischen Kirche Berlin-Brandenburg-schlesische Oberlausitz und Mitglied der PGP-Redaktion.

Neulich habe ich seit langem wieder einmal einen alten Freund angerufen. Wir wollten uns verabreden. Es wurde auch mal wieder Zeit. Schließlich wollten wir uns nicht aus den Augen verlieren. Das haben wir uns immer versprochen. Uns verbindet ja so vieles. Auch wenn wir uns Wochen lang nicht gesehen haben, macht das gar nichts. Wir brauchen keine soziale Anwärmphase. Er ist beruflich ziemlich erfolgreich und viel unterwegs in der Welt. Also, Kalender gezückt und dann gingen wir aufeinander los. Ich habe schließlich auch Termine. Nächsten Montag? Das geht bei mir nicht. Da habe ich Yoga. Der Termin ist mir heilig. Das verstehst du bestimmt. Na dann Dienstag? Da habe er ein Meeting, ganz schlecht? Aber am Mittwoch würde es gehen? Mittwochs kann ich nur einmal im Monat, also in drei Wochen. Was meinst du? Ausgerechnet an diesem Tag muss er mal wieder etwas mit seiner Frau machen. Schließlich muss man ja auch etwas für die Beziehung tun. Er habe Karten für ein Konzert besorgt. Da gehen sie beide hin. Das ist aber schade. Und Donnerstag? Da geht was, allerdings erst in 5 Wochen. Ein Meeting fällt aus. Er hat es noch nicht gelöscht in seinem Kalender. Aber da kann ich nicht. So ein Mist aber auch. Ich muss auf Dienstreise. Und wie sieht es aus in 4 Wochen am Freitag aus? Das ist jetzt aber wirklich blöd. Da beginnt die Adventszeit. Ich faste dieses Jahr im Advent. Vor Ostern habe ich es nicht geschafft. Und es ist bitter nötig. Ja, man könne heute auch im Advent fasten. Das ist auch Fastenzeit. Das macht bloß kaum jemand. Wir können uns gern treffen, aber ich trinke nur Wasser und esse nichts. Wollen wir uns trotzdem treffen? Natürlich geht das nicht. Wasser, was soll denn das? Wo wir uns so lange nicht gesehen haben. Wir haben dann doch noch einen Termin gefunden, in 3 Monaten an einem Donnerstag. Ich habe ihn in meinem Kalender eingetragen: von 19:30 Uhr bis 23:00 Uhr. Nach dem Telefongespräch mit meinem alten Freund war ich erschöpft. Was ist nur aus uns geworden? Haben wir heute nicht viel mehr Zeit als Generationen vor uns? Angeblich sind fast 40 % Prozent des Jahres Freizeit. Objektiv mag das stimmen, aber gefühlt haben wir immer weniger Zeit. Alles ist verplant. Der Kalender wird zum Gefängnis. Wir leiden alle an kollektiver Temporalhypochondrie, habe ich in einer Kolumne gelesen. Stimmt, denke ich nach diesem Gespräch. Ich erinnere mich noch an andere Zeiten. Nicht dass früher alles besser war. Das stimmt nämlich nicht. Es gab z.B keinen Waschvollautomaten und keinen Fensterputzroboter. Darauf möchte ich nicht mehr verzichten. Womit hat man nicht alles früher seine kostbare Zeit verbringen müssen. Aber, als es noch kein Handy gab und ein Telefonanschluss nur für ausgewählte Kreise, zu denen keiner meiner Freunde gehörte, bestimmt war, ist man einfach zu Leuten gegangen, wenn man Zeit und Lust verspürte. Man hat geklingelt und war einfach da. Hey du, ich wollte dich mal besuchen. Komm doch rein, ich muss erst noch die Windeln zusammenlegen und der Kleinen was geben, aber dann habe ich Zeit. Es war kein Problem. Manchmal stand man auch vor verschlossener Tür. So what. Wohnt da nicht der andere Freund in der Nähe, probiere ich es da einmal. Etwas ging immer. Ganz ohne Telefon und ohne Kalender. Ja, ja, die Welt ist anders geworden, schnelllebiger, effizienter. Freizeitforscher sehen sicher rosige Zeiten auf uns zukommen. Die Freizeitindustrie wird kaum nachkommen. Wir werden noch mehr Freizeit bekommen. Zeit für all das, was wir so gerne machen, z.B. uns mit Freunden treffen und lecker essen gehen. Aber zwischen Yoga, Tennis, Literaturclub, Vorstandssitzung des Sportvereins und des Gemeindekirchenrates werden wir das gar nicht merken. Zum Glück bleibt alles beim Alten. Jetzt aber, morgen fahre ich zu meinem alten Freund. Ich mache es so wie früher. Ich besuche ihn einfach, nehme eine Flasche Wein mit. Ach, das ist jetzt aber doof. Morgen habe ich ja das erste Treffen der Fastengruppe.

Wo sind die Ehrenamtlichen?
Gewinnung von Ehrenamtlichen als Herausforderung

Sarah Thys

„Wie gewinnen wir Ehrenamtliche?", ein Thema, das immer mehr Verantwortliche von Kirchengemeinden in der Evangelischen Kirche in Mitteldeutschland auf ihre Agenda setzen. Spätestens, wenn sich für die zu erledigenden Aufgaben keine Freiwilligen mehr finden und damit bereits Hochengagierte noch mehr Ämter gleichzeitig ausüben müssen, da „irgendjemand es ja machen muss", sie so an die Grenzen ihrer eigenen Belastbarkeit geraten, drängt eine Lösung. Die verzweifelte Suche nach Ehrenamtlichen nimmt einiges an Arbeitszeit von Hauptamtlichen in Anspruch und bringt manch einen in die Bedrängnis, Veranstaltungen oder Gruppen abzusagen.

Der Aufwand, Ehrenamtliche zu gewinnen, wächst

Es ist nicht mehr selbstverständlich, Ehrenamtliche zu haben, die die Arbeit in der Kirchengemeinde, in der Kinder- und Jugendarbeit und anderen Feldern der Kirche übernehmen. Regional kann es unterschiedliche Ursachen haben, doch scheinen mir u.a. zwei Faktoren wesentlich zu sein.

Der erste ist ein offensichtlicher Grund: Der Rückgang an Kirchenmitglieder wirkt sich auch auf den Pool an verfügbaren Mitarbeitern aus. Dies wird vor Ort oft als Versagen der eigenen Bemühungen empfunden oder auf die Kürzungen von Pfarrstellen zurückgeführt. Es ist zunächst aber ein gesellschaftlicher Wandel, der nur schwer aufzuhalten ist. Die Herausforderungen sind größer geworden, diesen kann man nur durch alternative Strategien begegnen: Es braucht eine besondere Aufmerksamkeit für die Gewinnung und Förderung von Ehrenamtlichen.

Der zweite Grund: Die Situation der (potenziellen) Ehrenamtlichen hat sich in den letzten Jahrzehnten verändert. Darunter fällt z.B. die erhöhte Mobilität der Menschen und dadurch eine geringere Präsenz vor Ort, aber auch Veränderungen in der Art, wie Ehrenamtliche ihr Ehrenamt ausüben möchten. Man unterscheidet zwischen „altem" und „neuem" Ehrenamt. Dies ist nicht zwangsläufig eine Frage des Lebensalters, obwohl das „alte Ehrenamt" auch eher in den älteren Generationen zu finden ist. Es ist geprägt von Pflichtgefühl und Verbundenheit zur Organisation, während sich das „neue Ehrenamt" stärker an der Tätigkeit selbst orientiert und in den Hintergrund rückt, wer als Träger dahinter steht. Außerdem lässt sich das „neue Ehrenamt" eher auf Projekte ein und möchte sich weniger für längerfristige Aufgaben verpflichten. Zur Folge hat das natürlich wiederum, dass für die Koordination von Ehrenamtlichen mehr Zeit benötigt wird, damit man den Erwartungen der unterschiedlichen Typen gerecht werden kann.

Bild © „Der Hauptamtliche hat den Schlüssel zum Ehrenamt". Thomas Wolf, Pfarrer ELKB, 2018

10 Fragen

für die strategische Ehrenamtsgewinnung in einem Kirchenkreis oder einer Kirchengemeinde:

1. Wer ist zuständig für die Koordination von Aufgaben?
2. Wer ist zuständig für die Begleitung von Ehrenamtlichen, praktischer und inhaltlicher Art?
3. Haben wir die Tätigkeit mit Chancen und Herausforderungen klar beschrieben?
4. Was hat jemand davon, sich bei uns ehrenamtlich zu engagieren?
5. Wo können wir kommunizieren und für Mitarbeit werben?
6. Sind wir bereit, Neue aufzunehmen und zu integrieren?
7. Was erwarten wir von Mitarbeitenden? Und wann und wo fragen wir nach, was potenzielle Ehrenamtliche erwarten oder sich wünschen?
8. Welches Image haben wir als Gemeinde/Kirche?
9. Wie attraktiv sind wir, so dass man bei uns mitarbeiten will?
10. Wo muss man Aufgaben lassen, weil sie entweder die Kräfte übersteigen oder niemand sie ausfüllt?

Fortbildung

Ehrenamtliche fördern und integrieren: Ehrenamtsmanagement in der Kirche. **Oktober 2018 bis März 2019.** Verantwortlich Claudia Neumann – Gemeindedienst der EKM

Was macht eigentlich Engagement überhaupt attraktiv?
Der Freiwilligensurvey von 2014 listet als die drei wichtigsten Motive für Ehrenamt „Spaß haben", „mit anderen Menschen zusammenkommen" und „Gesellschaft mitgestalten" auf. Hier zeigt sich, dass sich grundsätzlich in der Motivation nichts verändert hat. Es geht um sinnerfülltes Ehrenamt, das Freude macht und dazu in guter Gemeinschaft stattfindet.

Diese Hauptmotive sollten im Blick behalten werden und nicht nur nach Ehrenamtlichen für die Erledigung einer bestimmten Aufgabe gesucht, sondern ihnen auch eine Möglichkeit zur eigenen Gestaltung unter Beachtung der Fähigkeiten und Motivation geboten werden. Im Extrem gesprochen: Die Suche nach Ehrenamtlichen, die für uns Bauanträge schreiben oder die Toiletten putzen, wird sicherlich keine große Anziehungskraft ausüben; noch weniger auf Personen, bisher nicht engagiert waren und keine starke Kirchenbindung haben. Ein Gestaltungsraum, in dem eigene Ideen und Vorstellungen eingebracht werden können, ist da weitaus anziehender. Dem entgegen steht die Situation von Hauptamtlichen und leitenden Ehrenamtlichen, die für immer größer werdende Regionen zuständig sind und damit stetig mehr Aufgaben erhalten. Es ist verständlich, dass die Konzentration der Verantwortlichen stärker darauf gerichtet ist, diese Aufgaben zu bewältigen als darauf, die einzelnen Bedürfnisse jedes potenziellen Ehrenamtlichen zu beachten. Doch genau dies ist der Schlüssel zur Förderung des Ehrenamts: Ehrenamtlichen entsprechend ihrer Gaben einen Platz zu geben und eventuell damit sogar neue Einsatzräume für sie zu schaffen, anstatt nur die bestehenden zu bespielen.

Die Rolle der Hauptamtlichen hat sich verändert
Im Vergleich zu anderen Engagementfeldern, wie z.B. Vereinen, gibt es in der Kirche immer noch vergleichbar viele Hauptamtliche. Dies bedeutet, dass Ehrenamtliche, die sich in der Kirche engagieren, in der Regel einen hauptamtlichen Ansprechpartner haben oder zumindest eine hauptamtliche Person in ihrer Region kennen. Da Hauptamtliche gegenüber Ehrenamtlichen normalerweise einen Vorsprung an Informationen haben und meist mit der Aufgabenverteilung beauftragt sind, liegt in der Art und Weise des Umgangs mit Ehrenamtlichen der Schlüssel für eine gelungene Ehrenamtskoordination.

So lässt sich zusammenfassen, dass die Gewinnung, die Koordination und die Begleitung von Ehrenamtlichen – das Ehrenamtsmanagement – eine immer wichtiger werdende Aufgabe von Hauptamtlichen in der Kirche darstellt.

Literatur

Bundesministerium für Familie, Senioren, Frauen und Jugend: Broschüre **Freiwilliges Engagement in Deutschland** – Zentrale Ergebnisse des Deutschen Freiwilligensurveys 2014 – Kurzfassung, 8–9.

Schaaf-Derichs, Carola (2013): Artikel in: Reifenhäuser, Carola, Reifenhäuser, Oliver (Hrsg.): **Praxishandbuch Freiwilligenmanagement**, Weinheim und Basel, 41–55.

Sarah Thys ist Referentin für Ehrenamt im Landeskirchenamt der Evangelischen Kirche in Mitteldeutschland.

Als Hauptamtliche eigene Freizeit planen und gestalten

Roswitha Meisgeier

Es ist Montagmorgen. Heute früh habe ich mal frei. Zumindest stehen in meinem Kalender keine Termine. Jetzt könnte ich doch endlich einmal meinen angefangenen Roman zu Ende lesen, mal wieder schwimmen oder ein Stück laufen gehen. Während ich bei der Entscheidungsfindung durch die Wohnung streife, um das Wochenendchaos etwas zu bereinigen, verrät mir die überquellende Wäschetonne, dass ich eigentlich noch eine Maschine ansetzten müsste. Aber erst noch schnell Blumen gießen, die lassen schon bedrohlich die Blätter hängen. Bei der Gießrunde sehe ich den Kürbis, der unbedingt in den Garten ausgepflanzt werden will. Als ich dann zufällig an meinem Schreibtisch im Wohnzimmer vorbeikomme, verrät mir schon ein kurzer Blick, dass noch eine Menge unbeantworteter Post wartet. Ich hebe noch fix ein runtergefallenes Buch auf, da wollte ich doch auch mal hineinschauen. Oh, ein Blick auf die Uhr verrät mir, es ist schon zehn, da bleiben noch drei Stunden. Um eins will meine Jüngste vom Schulbus abgeholt werden. Heut ist süßer Tag, da gibt es Grießbrei. Danach geht's dann zur Nachmittagsrunde. Abends dann die Frage, was hast du eigentlich heut mit deiner freien Zeit gemacht? Freie Zeit, das ist für mich eine kleine Nische, die sich meist vormittags auftut. An unregelmäßigen Tagen, zu unterschiedlichen Uhrzeiten. Ich bin gerade dabei zu lernen, freie Zeit auch wirklich nur für mich zu nutzen. Das erfordert von mir immer wieder Disziplin. Merke ich doch, wie nötig es ist, den Kopf mal frei zu bekommen. Nur wenn das gelingt, sind wieder kreative Prozesse möglich, können neue Veranstaltungen und Projekte geplant werden.

Roswitha Meisgeier ist Gemeindepädagogin in den Pfarrbereichen Braunsbedra und Mücheln.

Statements Hauptamtlicher

Kostbarkeit Freizeit

Sabine Weber

Ich heiße Sabine Weber, bin 45 Jahre alt (verheiratet, 2 Kinder) und gemeindepädagogische Mitarbeiterin in der Regionalgemeinde Kölleda (Kirchenkreis Eisleben Sömmerda). Als ausgebildete Erzieherin mit vielen Jahren Berufserfahrung bin ich nun in der Gemeindepädagogik tätig. Das erste Jahr im Ehrenamt, also mit einer Menge Freizeit. Diesem Ehrenamt verdanke ich auch, dass es mir nach einer schweren Erkrankung in ein neues, wohltuendes Berufsbild hineingeholfen hat.

In den ersten beiden Jahren als kirchliche Mitarbeiterin habe ich in meiner Freizeit eine nebenberufliche Ausbildung über ein Jahr absolviert. Ich arbeite im Moment mit 55 % Prozent und ein nebenberufliches Studium Gemeindepädagogik steht in den Startlöchern ab diesem Herbst. Dafür wünsche ich mir, dass diese umfangreiche zusätzliche Ausbildungszeit nicht im Freizeitbereich liegt, damit meine Kraft für meine Arbeit mit den Kindern und die Ausbildung reicht und ich mich weiterhin so glücklich und erfüllt im Beruf fühlen darf.

Sabine Weber ist gemeindepädagogische Mitarbeiterin in Kölleda, Kichenkreis Eisleben Sömmerda.

ART-gerechte Freizeit für mich als kirchliche Mitarbeiterin

Christine Ursel

Wie hat sich Ihr Freizeit-Erleben im Lauf Ihrer Berufstätigkeit verändert? Als Religionspädagogin mit 30 Jahren Berufserfahrung – durchgehend in Vollzeit – habe ich sehr unterschiedliche Arbeitssettings und Tätigkeitsfelder erlebt, die jeweils verschiedene Konsequenzen für die eigene Freizeitgestaltung hatten und haben. Vielleicht entdecken Sie darin auch eigene Erfahrungen?

In der Ausbildung: Praxisjahr mit Religionsunterricht in zwei verschiedenen Schularten und Gemeindepädagogik in der Kirchengemeinde: vielfältige und umfassende Wahrnehmung von Praxisfeldern und zunehmende Erarbeitung von pädagogischen Einheiten in Schulen und Gemeinde, plus Anleitungsgespräche und Studienwochen und Lehrprobe. **„Freizeit" – wie schreibt man das?**

Im Vorbereitungsdienst: Eigenständige Tätigkeit in Schule und Gemeinde/Bildungsarbeit, dazu Seminartage und -wochen, Anstellungsprüfung. **Wann bereite ich vor und nach?**

Religionsunterricht: Klare Struktur mit festem Stundenplan für die Durchführung von Religionsunterricht; Abende, Wochenenden und Ferien (75 Tage im Jahr) ohne fixe Termine. Der feste Rahmen bietet viel Transparenz, aber mit dem Unterricht ist noch lange nicht alles erledigt: **Wann habe ich mal „wirklich frei"?**

Gemischte Stelle: 3/4 Gemeindepädagogik mit Schwerpunkt **Kinder- und Jugendarbeit in zwei Kirchengemeinden** und 1/4 Religionsunterricht; die zeitlichen Rhythmen von Gemeindepädagogik und Religionsunterricht sind phasenverschoben: z.B. nachmittags Kindergruppe, abends Kirchenvorstandssitzung, am anderen Morgen Religionsunterricht; am Wochenende nicht frei, sondern einen Großteil der dienstlichen Termine (wenn die anderen frei haben), vom Kindergottesdienst bis zur KonfirmandInnenfreizeit, incl. Zeltlager in den Ferien. **Wie plane ich in den engen Zeitfenstern freie Zeiten für mich persönlich und gemeinsam mit anderen?**

Leitungsfunktion: Geschäftsführung und theologisch-pädagogische Mitarbeit in einem Tagungshaus mit eigenem pädagogischen Angebot für Menschen mit und ohne Behinderung in einem 100-Betten-Haus, in dem zeitgleich auch mein Mann gearbeitet hat. Gemeinsam haben wir **auf dem Gelände auch gewohnt** und waren damit gefühlt „immer präsent". Gäste sehen nicht auf Anhieb, ob ich im Dienst bin oder nicht. Wenn ich bei der verantwortlichen Tätigkeit entspannen wollte, musste ich wegfahren. **Wie kann ich innere Freiheit gewinnen?**

Dozentin in der Ausbildung der zukünftigen Kolleginnen und Kollegen: Als Lehrkraft für besondere Aufgaben war ich an der Evangelischen Hochschule Nürnberg zusammen mit einem Kollegen für das Praxisjahr zuständig – mit vielen Praxisbesuchen in ganz Bayern. Die Hochschule mit einer Kultur der Freiheit in Forschung und Lehre, gleichzeitiger Verschulung des Angebots und der Struktur des Praxisjahres analog zum Schuljahr bot viel Eigenverantwortung und Selbststeuerung durch Vertrauensarbeitszeit – aber damit eben auch „Vertrauensfreizeit". Um mir und anderen deutlich zu machen, wann ich Freizeit habe, habe ich bewusst nicht zu Hause gearbeitet. Dafür war ich oft lange im Büro oder unterwegs. **Woran mache ich äußerlich fest, dass ich frei habe?**

Fortbildungsreferentin beim Diakonischen Werk Bayern: Bildungsmanagement, Planung, Durchführung und Nachbereitung von Fortbildungen für Mitarbeitende in Kirche und Diakonie, Inhouse-Angebote, Beratung, Moderation, Coaching … Kein Tag gleicht dem anderen, ich bin viel unterwegs in Tagungshäusern und vor Ort, Termine mit Gremienarbeit und Vernetzung. Ohne meinen Terminkalender kann ich keine Aussagen machen! Viel Flexibilität, aber schwierige Situation für regelmäßige private Termine, z.B. die wöchentliche Chorprobe. Ein PC-gestütztes Zeiterfassungssystem orientiert sich an einer Dienstvereinbarung zur Gleitzeit und bietet eine hohe Transparenz, zeigt aber auch Grenzen bei der Abbildung von pädagogischen Bildungsprozessen. Eine hohe Präsenz und ein flexibles Einlassen auf dienstliche (Termin-)Notwen- →

digkeiten sind erforderlich – gleichzeitig ist z. B. auch Zeitausgleich bei Plusstunden möglich und nötig. **Wie wird meine Arbeit(szeit) im Zeiterfassungssystem abgebildet? Ist der geplante Termin wirklich notwendig?**

Deutlich wird, dass bestimmte Aufgabenfelder und Stellenzuschnitte sich für einzelne Lebensphasen oder Lebensformen mehr oder weniger gut eignen und anbieten, z. B. für Kolleginnen und Kollegen mit eigenen Familien. Der weite Bereich der „Gemeindepädagogik" zeigt berufsbiografisch interessante Möglichkeiten und spezifische Entwicklungswege. Die Sorge für genügend freie Zeit der Mitarbeitenden ist nicht nur eine individuelle Aufgabe der Einzelnen, sondern gehört zu einer umfassenden Personal- und Organisationsentwicklung und ist damit auch Leitungsaufgabe. Attraktive Arbeitsplätze nehmen die „private" Seite der Mitarbeitenden ernst und bieten Begrenzung und Entschleunigung. Die Selbstverantwortung bei der Gestaltung der Erreichbarkeit und der Nichterreichbarkeit bleibt eine Kunst und kann Thema von Coaching oder Supervision sein. Gemeindepädagogik lädt ein zu einem lustvollen Umgang mit der eigenen Lebens-Arbeits-Frei-Zeit.

Freizeit zu Zeiten kirchlichen Dienstes ist kein Selbstläufer, sondern Ergebnis von mehr oder weniger hilfreichen Strukturen und Ausdruck von Lebens-Kunst. Von daher geht es um eine **„ART"-gerechte individuelle Gestaltung: A wie Aufmerksamkeit, R wie Reflektieren und T wie Tun …**

Fragen zur Arbeit und Freizeit im kirchlichen Dienst:

Wofür werde ich bezahlt: Für's Da-sein oder für Ergebnisse?

Wie bewerte ich für mich private Zeiten im dienstlichen Kontext (z. B. persönlicher Gottesdienstbesuch)?

Wie kann ich meine Life-Balance situations-, bedürfnis- und altersgerecht immer wieder neu gestalten und stabilisieren?

Wie werden Zeiten höheren zeitlichen Engagements ausgeglichen?

Wie schaffe ich mir Zeiten für persönliche Rekreation, Respiration und Resonanz?

Wie können (Zeit-)Strukturen immer wieder neu überdacht und verändert werden?

Welche Kniffe und Tipps helfen mir persönlich? – Denn: Gewohnheit sparen Hirn!

Wie kann meine Führungskraft mich unterstützen, dass ich gut, gerne und wohlbehalten arbeiten kann und genügend Freizeit habe?

Christine Ursel ist Fortbildungsreferentin beim Diakonischen Werk Bayern – Diakonie.Kolleg und Mitglied der Redaktion der PGP.

Ganz im *Hier und Jetzt?*

Der Zeitbegriff jüngerer Kinder

Anton A. Bucher

Vergangenheit – Gegenwart – Zukunft: Ab wann wird uns die Zeit bewusst? In diesem Beitrag wird über die Entwicklung des Zeitverständnisses bei Kindern und möglichen Schlussfolgerungen für die pädagogische Arbeit berichtet.

Moderne Kindheit – verplante Kindheit?

Für die moderne Kindheit wird behauptet, dass zusehends früher die Zeitstrukturen und auch Zeitdiktate der Erwachsenen in sie eindringen würden. Heutige Kindheit sei verplant und gestresst, die zeitlose „Spielkindheit" sei zu einer „Terminkalenderheit" geworden (Rolff, H.G. Zimmermann, P. 1990). Um ihre so vielen Termine zu koordinieren – Ballettstunde, Verabredung mit Freunden, Violinunterricht, die Trickfilmserie Simpsons etc. –, müssten Kinder zusehends früher die Zeitstrukturen der Erwachsenen beherrschen lernen. Bezeichnend sei, dass den Kindern die erste Uhr nicht mehr – wie in früheren Generationen – bei der Firmung geschenkt werde, sondern bereits im Kindergarten. Kulturpessimistisch spricht Elkind vom „gehetzten Kind", und Grefe diagnostizierte, schon vor mehr als zehn Jahren, das „Ende der Spielzeit". Was wissen wir wirklich über Kind und Zeit, nicht nur, wie Kinder Zeit erleben, sondern auch, über welchen Begriff derselben sie verfügen?

Bildung des Zeitbegriffs nach Piaget

Am einflussreichsten wurden die einschlägigen und teils wirklich raffinierten Untersuchungen von Jean Piaget. Bekannt wurde sein Experiment, in dem der Versuchsleiter zwei Spielzeugautos bewegte, das eine schneller als das andere, aber beide genau fünf Sekunden lang. Jüngere Kinder, gefragt, welches Auto die längere Zeit gefahren sei, zeigten ausnahmslos auf dasjenige, das schneller bewegt worden war (Piaget, J. & Inhelder, B. 1977, 81). Daraus wird ersichtlich, dass für jüngere Kinder Zeit und Raum viel stärker miteinander verwoben sind, bzw. dass sie noch nicht in der Lage sind, Zeit in der Weise von räumlichen Gegebenheiten und Vorgängen zu abstrahieren.

Die sensumotorische Zeit

Ganz anders der frühe Zeitbegriff von Kindern bis ins dritte Lebensjahr, den Piaget als „sensumotorisch" bezeichnete. Demnach ist Zeit weitgehend Handlung, und das entsprechende Konzept geht aus ihrer Aktivität hervor: Ein Wesen, völlig träge, hat keine Zeit (Harrison, M. L. 1934). Kinder konstruieren durch ihr Tun allererste Ahnungen von Zeitabfolgen, insbesondere im Zusammenhang mit der Befriedigung ihrer Bedürfnisse, speziell dem Essen.

Auch Kleinkinder leben demnach nicht stets in der reinen Gegenwart. Dafür sprechen auch psychologische Erkenntnisse zur Entwicklung des Gedächtnisses, das bereits in den ersten Lebenswochen aktiv ist (Schneider, W. & Bütt- ➜

ner, G. 2003). Säuglinge können insbesondere affektiv stärker aufgeladene Stimuli wiedererkennen und verfügen über Erinnerungsspuren, über deren Beschaffenheit „nur spekuliert" werden könne (Kasten, W. 2001). Gut gesichert ist auch, dass sie die Dimension der Vergangenheit früher und bezüglich der erinnerten Handlungsabfolgen realistischer erschließen als die Zukunft (Hudson, J. A. 2006).

Die anschauliche Zeit

Piaget zufolge bildet sich der „anschauliche" Zeitbegriff um das dritte Lebensjahr herum. Bereits Wilhelm Preyer, einer der ersten wissenschaftlichen Entwicklungspsychologen, registrierte, dass seine Kinder erst gegen Ende des dritten Lebensjahres damit begannen, ausdrücklich „wann" zu fragen (Preyer, W. 1884/1989). Aus der Gehirnforschung wissen wir, dass in den drei ersten Jahren insbesondere im stammesgeschichtlich älteren Hippokampus enorme Lateralisations- und Reifungsprozesse erfolgen (Squire, L. R. 2000) – eine mögliche Erklärung dafür, dass das episodische bzw. autobiographische Gedächtnis bei den meisten Personen allenfalls ins dritte Lebensjahr zurückreicht (Pillemer, D. B. & White, S.H. 1989), wobei dieses generell überlagert wird von den den Kindern erzählten Familiengeschichten.

Darüber hinaus fand Piaget in raffinierten Befragungen zum Alterskonzept von Kindern, dass diese beispielsweise Bäume für älter einschätzen, wenn sie höher sind (Piaget Anm.12, 280-318).

Wie sehr Vorstellungen zur Zeit mit räumlichen Anschauungen durchdrungen sind, zeigt sich auch in einem Gespräch, das der Verfasser mit seiner damals fünfjährigen Tochter führte. Auf die Frage:
„Weißt du schon, was ein Jahr ist?", antwortete sie: „Ja, dass ein neues Jahr kommt." – „Und wie lang ist das neue Jahr?" – „Lang!" – „Wie lang?" – „Acht Kilometer!" (Bucher A. 2004)

Wie sehr Raum und Zeit ursprünglich – und auch nach wie vor für Kinder – miteinander zusammenhängen, zeigt sich an (älteren) Bezeichnungen für die Zeit: Das lateinische „tempus" bedeutet zugleich „Zeit" und „Wetter", das jeweils den Raum ausfüllt, was im Französischen bis heute nachschwingt: „temps" für Wetter und Zeit (Hallpike, C. R. 1990, 407 f.).

Anschaulich am Zeitbegriff jüngerer Kinder ist auch, dass sie der Meinung sind, die Zeit laufe schneller, wenn Menschen zügige Tätigkeiten verrichten. Die eben erwähnte Fünfjährige war überzeugt, die Zeit gehe schneller vorbei, wenn man schnell läuft. Und auf die Frage: „Und wann geht die Zeit langsamer?" meinte sie: „Wenn man nichts macht."

Dass die Zeiteinschätzungen jüngerer Kinder massiv von visuellen Eindrücken abhängen (räumlich und geschwindigkeitsmäßig), belegte Levin (1977): Er zeigte Kindergartenkindern, wie zwei Puppen gleichzeitig ins Bett gelegt und dann, genau zehn Sekunden später, aus diesem herausgenommen wurden. Die Frage, ob sie gleich lang geschlafen hätten, bejahten 89 % der Kinder. Anders hingegen, als sie sahen, wie zwei Plastikautos zehn Sekunden nebeneinander her geschoben wurden, das eine um ein Drittel schneller: Gerade einmal 20 % sagten, die beiden Autos seien gleich lang (nicht „weit") gefahren.

Psychologische Zeit

Insbesondere die Forschungen des in Ungarn gebürtigen Glückspsychologen Cszikszentmihalyi zeigten, dass Menschen, wenn sie optimale Erfahrungen machen – so in einem Schachspiel völlig aufgehend, Ballett bis in die äußersten Zehenspitzen tanzend –, die Zeit regelrecht vergessen und sich im so genannten Flow befinden. Ein Merkmal von Flow sei, dass „das Zeitgefühl nur wenig Beziehung zum tatsächlichen Verstreichen der Zeit hat", die offensichtlich vor allem für Uhren eine strikt metrische ist, nicht aber für Menschen, und erst recht nicht für Kinder, die mit der Notwendigkeit eines Naturgesetzes Flow-Situationen aufsuchen und früh um die psychologische Zeit wissen (Cszikszentmihalyi, 1989). Dass bei langsameren Abläufen Zeit langsamer verstreiche – davon waren auch die alten Ägypter überzeugt, die die Stunden des Tages für länger hielten als die in der Nacht (Brunner-Traut, E. 1996). Ebenso fand der Entwicklungspsychologe Arlin, dass jüngere Kinder der Meinung waren, die Uhren würden, wenn sie schlafen, langsamer gehen als am Tag (Arlin, M. 1990).

Erst gegen Ende des dritten Lebensjahres fragen Kinder ausdrücklich „wann".

Am besten verstehen Kinder ‚Tag', weil sein Ablauf überschaubar ist.

Zeitadverbien der Kinder

Eine oft gewählte Methode, sich an das Zeitverständnis von Kindern heranzutasten, besteht darin, ihren Gebrauch von Zeitadverbien zu rekonstruieren. Allerdings ist nie Gewähr dafür gegeben, dass Kinder solche gleich verstehen wie Erwachsene. So berichtet Hansen, wie er seinem vierjährigen Sohne etwas von „gestern" erzählt habe, worauf dieser fragte: „Meinst du das gestern, wo ich auf den Mund gefallen bin?" – was aber zeitlich viel länger zurücklag, „gestern" stand für ihn offenbar für Vergangenheit generell (Hansen 1965, Anm. 10, 207).

Zeitbegriffe sind Kindern umso zugänglicher, je konkreter sie sind. „Am besten verstehen Kinder ‚Tag'" (ebd. 287), weil sein Ablauf überschaubar ist: Aufstehen, Essen, Spielen, schließlich zu Bett gehen. Sodann das „Jahr", sofern dieses als aus den vier Jahreszeiten bestehend aufgefasst wird, weniger jedoch, wenn als aus 365 Tagen bestehend (Paul, J. 1967). Wesentlich schwieriger tun sich Kinder mit „Monat", weniger jedoch mit Woche, sofern sie bereits die Schule oder den Kindergarten besuchen und am Wochenende jeweils frei haben.

Fragen von Kindern nach der Zeit können mit lebenspraktischen Erfahrungen beantwortet werden.

Gute Erzieher haben den Zeitbegriffen der Kinder Rechnung getragen, wenn sie deren Fragen nach Zeit anschaulich beantworteten, beispielsweise die, wann endlich Weihnachten sei, so: „Noch zehnmal schlafen." Die Erfindung des ersten lithographischen Adventskalenders durch den Münchner Gerald Lang im Jahre 1903 war diesbezüglich genial: Seine Mutter hatte ihm, als er als kleiner Junge ungeduldig nach

Weihnachten fragte, 24 Gebäckstücke auf einen Karton genäht – jeden Tag durfte er eines essen. Fragen nach kürzeren Zeitintervallen lassen sich mit dem vom Uhrzeiger zurückzulegenden Weg beantworten.

Die metrische Zeit

Piaget zufolge erfolgt im Alter von gut sieben bis acht Jahren eine „abrupte Reorganisation" des Denkens und damit auch des Zeitbegriffs (dazu Fraisse, P. 1985). Fortan sei dieser „metrisch", weil das Kind zu begreifen lerne, dass die Zeit – wie von Uhren gemessen bzw. Menschen konventionell festgelegt – gleich schnell verstreicht, dies an verschiedenen Orten bzw. bei Tätigkeiten. Ohne einen elaborierten Zahlbegriff ist dies unmöglich. Gleichwohl sind Kinder in diesem Alter noch weit von einer wirklich abstrakten, intervallskalierten Zeitauffassung entfernt – wir Erwachsene, die Zeit primär psychologisch erleben, möglicherweise auch.

Kinder ganz im Hier und Jetzt? Nur bedingt! Die wünschenswerte Entwicklung des Zeitbegriffs wurde so konzipiert, dass Kinder räumliche und aktionale Zeitvorstellungen in Richtung einer unanschaulichen, allen Phänomenen zugrundeliegenden Dimension transzendieren. Aber vielleicht besteht der wirkliche Zielpunkt der Zeit-Entwicklung darin, wieder ganz im Hier und Jetzt weilen zu können – etwa in entspannender Meditation – bzw. die Erfahrung zu machen, dass in der mystischen Erleuchtung die Zeit nichtig ist, woraus sich – so Meister Eckhardt – reichste Fülle ergibt.

Prof. Dr. Anton A. Bucher lehrt und forscht an der Universität Salzburg im Fachbereich Praktische Theologie und Religionspädagogik.

Das Freizeitverhalten Jugendlicher im Stadt-Land-Vergleich

Ergebnisse der Repräsentativstudie Jugend im Stadt-Land-Vergleich in der Region Trier

Luisa Kersch / Waldemar Vogelgesang

Die gewandelten Rahmenbedingungen des Jugendalters, insbesondere die Verlängerung der Ausbildungszeit, der späte Berufseintritt, die starke Bindung an Gleichaltrigengruppen und nicht zuletzt die wachsende Mobilität bilden die Voraussetzung dafür, dass sich Jugendliche heute auf dem Freizeitmarkt beinah nach Belieben bedienen können. Allerdings schrumpft das ihnen zur Verfügung stehende Zeitreservoir. Waren es Mitte der 1980er Jahre noch fünf Stunden, die ihnen täglich zur freien Verfügung standen, so sind es gegenwärtig unter vier, wie neuere Zeitbudgetstudien zeigen. Gründe dafür sind die wachsenden Anforderungen in der Schule bedingt durch Schulzeitverkürzung, die Zunahme von Ganztagsschulen, eine steigende Zahl von Terminen sowie der Druck, online aktiv zu sein. Aber trotz der zeitlichen Restriktionen nutzen junge Menschen die zur Verfügung stehende freie Zeit für eine große Bandbreite von Aktivitäten, sie erleben ihre Freizeit in einer hohen Intensität und schätzen sie vielfach über alles.

Wenig überraschend zeigt sich, dass Geselligkeit und Vergnügen die zentralen Elemente im Freizeitrepertoire der jungen Menschen sind. Man will mit Altersgleichen zusammenkommen, um Bekanntschaften zu machen, Freundschaften zu pflegen und gemeinsam Spaß zu haben. Ob Stadt oder Land, die gruppengebundenen Unternehmungen sind das Lebenselixier der Jugendfreizeit. Aufgrund neuer mediatisierter Erlebnis- und Kommunikationskontexte sind gemeinsame Kneipen- oder Diskothekenbesuche seit der Jahrtausendwende allerdings deutlich rückläufig.

Eine genau gegenläufige Dynamik ist in Bezug auf sportliche Aktivitäten festzustellen, die neben dem Treffen von Freunden und der Zugehörigkeit zu Peergruppen die freizeitlichen Pläne junger Menschen bestimmen und in den letzten Dekaden deutlich an Popularität gewonnen haben. Der bei weitem beliebteste Typus ist in diesem Zusammenhang nach wie vor der Sportverein. Auffällig ist aber, dass sich neben den klassischen Vereinssportarten wie Fußball oder Tennis zunehmend auch Betätigungsformen aus dem Fun- und Fitnessbereich etablieren. Hier wird ein deutliches Stadt-

Land-Gefälle sichtbar. Während Sport- und Freizeitclubs vor allem in ländlichen Regionen nach wie vor regen Zuspruch haben, ist das wachsende Ensemble von straßensportlichen Aktivitäten eher ein urbanes Phänomen. Viele dieser Sportarten, die von über einem Fünftel der Stadtjugendlichen betrieben werden, rechnen ihre Anhänger gar nicht mehr dem klassischen, vereinsgebundenen Sportrepertoire zu. Es sind vielmehr szenegebundene Aktivitäten mit eigenen Plätzen, Regeln und Inszenierungsformen, die sich jenseits des Vereinssports etabliert haben. Der Versuch einiger Sportvereine, ihr bisheriges Sportangebot um straßensportliche Aktivitäten zu erweitern, stößt auf wenig Gegenliebe bei den Jugendlichen, denn zu weit liegen die Organisationsprinzipien von Szenen und Vereinen auseinander. Trotzdem greift die Mehrzahl der Jugendlichen nach wir vor auch auf Sportangebote zurück, die vereinsmäßig organisiert sind. Dabei ist es in erster Linie die Landjugend, für die Sportvereine ein partizipatorisches Lernfeld darstellen – eine Feststellung, die auch andernorts bestätigt wird: „Jugendliche in Stadt und Land sind gleichermaßen in Sportvereinen organisiert, allerdings übernehmen sie auf dem Land häufiger Funktionen und Ämter. Mitgliedschaft und Engagement im ländlichen Raum sind enger miteinander verknüpft."

Insbesondere junge Menschen aus ländlichen Räumen engagieren sich aber nicht nur im sportbezogenen Bereich, sondern auch in freiwilligen Hilfsorganisationen, Musikvereinen oder kirchlichen Gruppen. Die geringste Resonanz erhalten Jugendverbände, Fanclubs und politische Jugendorganisationen. Gerade auf dem Land sind zudem viele Jugendliche Mitglied in mehreren Vereinen oder Gruppierungen. Die Gründe hierfür liegen zum einen im geringeren Angebot an anderen Freizeitmöglichkeiten, zum anderen kommt Vereinen und Gruppen – gerade im dörflichen Umfeld – auch eine wichtige lokale Integrationsfunktion zu. Eine ausgeprägte regional- und sozialintegrative Bedeutung haben auch die verschiedenen Formen des Jugendbrauchtums, die vor allem in kleineren Ortschaften regelrecht den Charakter von Eingliederungsritualen annehmen können. Ihr Spektrum reicht dabei von den unterschiedlichsten Fastnachts-, Mai- und Kirmesbräuchen bis hin zu den verschiedenen kirchlich geprägten Brauchformen. Auch wenn über ihren Stellenwert im Freizeitraum der Jugendlichen und im Kontext ihrer kulturellen Praxisformen noch differenziertere Forschungen notwendig sind, so viel ist bereits jetzt offenkundig: Sie sind ein relevanter Teil im Ensemble jugendeigener Kommunikations-, Gruppen- und Erlebnismuster.

Obwohl die boomende Erlebnisindustrie stetig neue Angebote schafft, sind hinsichtlich der Angebotsvielfalt insgesamt deutliche Unterschiede zwischen Stadt und Land zu konstatieren. Ablesbar ist dies unter anderem am Ausmaß der Zufriedenheit mit den vor Ort vorhandenen Freizeitmöglichkeiten. Junge Dorfbewohner empfinden – unabhängig von Ge- →

schlecht, Alter oder Bildungsniveau – die ihnen zur Verfügung stehenden freizeitlichen Offerten oft als unzureichend. Einer Ausgrenzung aus zentralen Beteiligungskontexten im Freizeitbereich wirken sie dann mit einer erhöhten Mobilität entgegen, sodass beinahe die Hälfte der Befragten die Wochenenden außerhalb ihres Wohnortes verbringt.

Besonders herauszustellen ist noch, dass der Alltag und das Freizeitverhalten junger Menschen heute wie nie zuvor von Medien geprägt sind. Eine große Anzahl von Geräten, inhaltlichen Angeboten und kommunikativen Formaten steht dem jugendlichen Nutzer zur Verfügung, um vielfältigen Aktivitäten in einer zunehmend digitalisierten Lebenswelt nachzugehen. Dabei ergeben sich vor allem im Bereich der modernen Informations- und Kommunikationstechnologie gravierende Veränderungsprozesse hinsichtlich des jugendlichen Medienalltags. Smartphone, Computer und Internet haben sich bei den Jugendlichen auf dem Land fest etabliert und sind aus dem Nutzungsalltag nicht mehr wegzudenken. Besonders tritt hier die intensive Teilhabe an sozialen Netzwerken hervor, die jungen Menschen kommunikative Vernetzung auf unterschiedlichste Weise ermöglicht. Eine nach wie vor wichtige Rolle im jugendlichen Medienensemble spielt auch das Fernsehen. Die Nutzung von Printmedien ist in diesem Zeitraum dagegen merklich zurückgegangen. Zu den größten Verlierern, jedenfalls hinsichtlich der Intensität der Nutzung, zählt jedoch das (Web-)Radio, dessen Nutzungsintensität seit dem Jahr 2000 beinahe um die Hälfte gesunken ist.

Nach wie vor hoch ist demgegenüber der Anteil der Jugendlichen, die künstlerisch-musischen Betätigungen in ihrer Freizeit nachgehen. Auch gibt es keine Anhaltspunkte dafür, dass es bei den schon als traditionell geltenden Aktivitäten in diesem Bereich, etwa Musizieren, Malen oder Basteln, eine regionabhängige Verschiebung oder Umgruppierung gegeben hat. Etwa ein Viertel der Jugendlichen, meist Mädchen und junge Frauen mit einem höheren Bildungsniveau, sind in dieser Freizeitkategorie zu finden.

Insgesamt lässt sich festhalten: Auch wenn es hinsichtlich bestimmter Freizeitmöglichkeiten noch Nachholbedarf gibt – in ländlichen Regionen durchweg ausgeprägter als in der Stadt –, so ändert das kaum etwas daran, dass Freizeit für die Jugendlichen nicht nur Erlebnismittelpunkt ist, sondern wie in keinem anderen gesellschaftlichen Bereich hier ihre veränderten Teilhabechancen zu Tage treten.

Luisa Kersch, B. Sc., studiert derzeit im Masterstudiengang Wirtschaftssoziologie an der Universität Trier und hat als Forschungsassistentin in mehreren empirischen Untersuchungen mitgewirkt. Zu den thematischen Schwerpunkten ihrer Projektmitarbeit gehören die Erforschung dörflicher Lebenswelten und die Berufsorientierung von Jugendlichen.

Waldemar Vogelgesang, Dr. phil. habil., ist Professor für Soziologie. Er lehrt an der Universität Trier im Fachbereich Allgemeine Soziologie. Zudem ist er Mitbegründer des interdisziplinären Forschungsteams „Medienkultur und Lebensformen" und Mitglied der Forschungsgruppe „Angewandte Sozialforschung". Seine Arbeitsschwerpunkte liegen im Bereich der Jugend-, Medien- und Kultursoziologie sowie der Migrations- und Sozialraumforschung.

Selbstbestimmung

Auch die Autonomie hat Grenzen

Malte Lehming

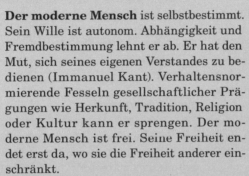

Der moderne Mensch ist selbstbestimmt. Sein Wille ist autonom. Abhängigkeit und Fremdbestimmung lehnt er ab. Er hat den Mut, sich seines eigenen Verstandes zu bedienen (Immanuel Kant). Verhaltensnormierende Fesseln gesellschaftlicher Prägungen wie Herkunft, Tradition, Religion oder Kultur kann er sprengen. Der moderne Mensch ist frei. Seine Freiheit endet erst da, wo sie die Freiheit anderer einschränkt.

So jedenfalls begreift sich der moderne Mensch. Begreift er sich richtig? Antje Vollmer hat das Konzept der Selbstbestimmung etwas abschätzig einmal „zeitgeistig" genannt, andere bezeichnen es gar als „Fetisch". Wie brüchig das Konzept ist, hat zuletzt die Diskussion über Beschneidungen gezeigt. Plötzlich war das elterliche Recht auf Religionsfreiheit gewichtiger als das kindliche Recht auf körperliche Unversehrtheit. Das musste all jene empören, die das Ideal der Selbstbestimmung verabsolutieren. Eindeutig wird der beschnittene Säugling fremdbestimmt. Und ist nicht Fremdbestimmung immer abzulehnen?

Ein anderes Beispiel. Es gibt keinen Zwang zum Leben. Wer freiverantwortlich die Entscheidung trifft, sich umzubringen, sollte das – jedenfalls gemäß der Selbstbestimmungsmaxime – tun dürfen. Ein Urteil darüber, was richtige oder falsche Motive sind, steht Außenstehenden nicht zu. Der Suizident hat ein Recht auf seine Tat. Das gilt sowohl für unheilbar Kranke als auch für Verlassene mit Liebeskummer. Zur vollen Selbstbestimmung gehört, dass man auch unvernünftige Entscheidungen treffen kann.

Beide Beispiele zeigen: Wer die Selbstbestimmung als höchstes Gut nicht mehr in Beziehung setzt zu anderen Werten, sie nicht abwägt und womöglich auch unterordnet, geht auf Konfrontation zu vielen Halt stiftenden Traditionen. Entwicklungspsychologisch sind es vor allem junge Erwachsene – parteipolitisch gesprochen: Grüne, Piraten –, die die Gültigkeit gegenwärtiger Normen bezweifeln.

Was spricht gegen Polygamie? Was gegen Inzest? Was gegen den Selbstmord? Was gegen das öffentliche Kopulieren? Die Legitimation viele dieser Tabus kommt ohne Rückgriff auf moralische Setzungen und die Akzeptanz kultureller Prägungen nicht aus. Das aber sind heteronome Kategorien.

Martin Heidegger hat den Begriff des „Geworfenseins" geprägt. Menschen existieren nicht im luftleeren Raum, sondern finden sich in einer von ihnen nicht selbst gewählten und gemachten Welt immer schon in bestimmten sozialen und moralischen Strukturen vor. Demnach sind Normen nicht nur etwas, was sich Menschen autonom geben, sondern auch etwas, wohinein sie aufwachsen. Ein gewisses Maß an Heteronomie ist für jeden konstitutiv. Das hat nichts zu tun mit passiver Hingabe an ein vermeintliches Schicksal.

Wenn sich der moderne Mensch ausschließlich als selbstbestimmt definiert, leugnet er jene unabänderliche Heteronomie, die ihn als Mitglied eines Gemeinwesens prägt, das historisch gewachsen ist und dessen Normen sich nicht allein aus der Vernunft ableiten. Autonomie ist ein Ideal, Heteronomie eine Realität. Ein Narr, wer nur eine der beiden Seiten sieht.

Malte Lehming: Auch die Autonomie hat Grenzen.
Quelle: Der Tagesspiegel vom 27.08.2013
https://www.tagesspiegel.de/meinung/selbstbestimmung-auch-die-autonomie-hat-grenzen/8701730.html

5000 Brote

Anregungen zur Aktion
„Konfis backen Brot für die Welt"

Johannes Küstner

Wunder des Teilens

Bei der Aktion „5000 Brote – Konfis backen Brot für die Welt" geht es um das Wunder des Teilens – so wie in der Geschichte der Speisung der Fünftausend. Konfirmandinnen und Konfirmanden lernen Brot für die Welt kennen. Sie erfahren, wie Jugendliche in anderen Ländern leben und wie Bildungsprojekte von Brot für die Welt diesen Jugendlichen neue Perspektiven geben. Dann können sie Nächstenliebe selbst einüben. Indem sie bei der Aktion mitmachen, unterstützen sie die Jugendlichen von denen sie erfahren haben. Deswegen heißt die Aktion „5000 Brote".

Erlebnis Brotbacken

Gebacken werden eigentlich viel mehr als 5000 Brote – manchmal in Dorfbackhäusern oder Lehmbacköfen, meist unter Anleitung von Bäckermeistern in Handwerksback-

stuben. Eine spannende Erfahrung und ein sinnliches Erlebnis: den Teig kneten, die Brote formen und in den Ofen schieben, das frische Brot riechen, die krachende Kruste beim Brot brechen, das Brot teilen, gemeinsam kosten. Daran werden sich die Jugendlichen lange erinnern.

Verschiedene Talente sind gefragt

Die Konfirmandinnen und Konfirmanden können über das Backen hinaus auf vielfältige Weise zum Erfolg der Aktion beitragen. Die Brote werden in der Gemeinde verkauft oder gegen Spenden verteilt. Das kann vorher im Ort beworben werden. Ein Stand muss aufgebaut und kann geschmückt werden. Die Jugendlichen können

Beiträge für den Gottesdienst vorbereiten. Das Material für Konfirmandenarbeit und Gottesdienstgestaltung bietet dafür viele kreative Ideen: ein Lied, eine Bildershow zu einem der Projekte, eine Theaterszene. So lassen die Jugendlichen die Gemeinde Anteil an ihrer Aktion nehmen.

Teilen lernen

Die erlebte Solidarität bei der Aktion 5000 Brote kann mit weiteren Themen und Lernzielen in der Konfirmandenarbeit verbunden werden. Das Material zur Aktion hat einiges zu bieten: eine Frühstücksandacht, ein Interviewrollenspiel zur Speisung der Fünftausend, eine Übung zu einem fairen Abendmahl, ein Verteilungsspiel zur Welternährung. Das Bildungsmaterial zu den „Brot für die Welt"-Projekten bietet den Konfirmandinnen und Konfirmanden vielseitige Zugänge die Lebenswirklichkeit von Jugendlichen in anderen Ländern kennenzulernen. Die Konfis können es auch gut verwenden, um eines der Projekte im Gottesdienst vorzustellen.

Situation: Beim Fußballspielen entsteht eine Diskussion. Die Kinder aus den Flüchtlingsfamilien wollen mitspielen. Die meisten stört das nicht. Doch ein Junge fordert lautstark, dass sie nicht mitspielen sollen.

Aufgabe: Überlegt in eurer Kleingruppe, was in dieser Situation passieren könnte. Nutzt eure Phantasie. Besprecht eine kleine Szene, die ihr gemeinsam vorspielen könnt.

*Jugendliche
auf dem Fußballplatz*

Schlagzeilen für Nächstenliebe

In der Regionalpresse wird über die Aktion gern berichtet. Oft genügt es dafür den regionalen Zeitungen ein Foto und einen Kurzbericht zur Verfügung zu stellen. Über diese Öffentlichkeitsarbeit für die gute Sache freuen sich alle. Die Jugendlichen fühlen sich bestärkt und sind stolz: Über ihre Aktion wird in der Zeitung berichtet. Die aktive Kirchengemeinde wird in der Region wahrgenommen. Die unterstützende Bäckerei bekommt werbewirksame Öffentlichkeitsarbeit. Und auch Brot für die Welt hilft die breite öffentliche Wahrnehmung.

Aktions- und Bildungsmaterial online

Material für die Konfirmandenarbeit, Material für Gottesdienste, Informationen zu den Projekten, der 5000 Brote-Song, Werbematerial und vieles mehr. Auf der Internetseite der Aktion finden Sie alles, was Sie benötigen, wenn Sie bei „5000 Brote – Konfis backen Brot für die Welt" mitmachen möchten: www.5000-Brote.de

Als kleine Kostprobe aus dem Material anbei eine Kleingruppenübung mit darstellendem Spiel, bei der die Konfis sich kreativ und phantasievoll in junge Menschen im Westen Äthiopiens einfühlen können (siehe Bild oben).

Wie kann man mitmachen?

- Einen Bäcker mit Backstube in der Region finden, für die Aktion gewinnen und einen Backtermin vereinbaren (z.B. Samstag morgens)
- Beim Aktionsteam der Landeskirche anmelden
- Mit den Anregungen von www.5000-brote.de die thematische Einbettung in die Konfirmandenarbeit planen
- Lokalpresse zum Backtermin einladen (alternativ: Pressemitteilung und Foto an Lokalpresse schicken)
- Gottesdienst und Verkauf planen und vorbereiten

Möglicher Ablauf in der Gemeinde

1) Konfitermin vor der Backaktion:
a. Aktion und ein Brot für die Welt - Projekt kennenlernen
b. mit den Konfis die Aktion planen
2) Aktionssamstag:
a. morgens/vormittags Backaktion (Andacht, Spiele, u.ä. während der Wartezeiten),
b. nachmittags Gottesdienst und Verkaufsstand vorbereiten
3) Aktionssonntag:
a. Gottesdienst mit Konfis gestalten (z.B. Projekt vorstellen, Lied singen),
b. Verkaufsstand nach dem Gottesdienst oder Verteilung vorbestellter Brote

www.5000-Brote.de
www.brot-fuer-die-welt.de/jugend

Johannes Küstner ist Jugendbildungsreferent bei Brot für die Welt.

„Luther bewegt – mich!"

Mit Luther dreimal um die Welt

Reinhard Förtsch

Was machen wir eigentlich im Lutherjahr? Wie können sich Menschen freiwillig für eine gute und sinnvolle Sache engagieren und wie bekommen wir den Bezug zu Luther hin? Diese Fragen beschäftigten uns im Herbst 2016 in der Stabsstelle Engagement im Rauhen Haus.

Je mehr Menschen wir in unsere Überlegungen einbanden, umso mehr wuchs daraus die Idee einer fünfmonatigen Mitmachaktion. Unser Ziel war, zum Reformationsgedenken an die 95 Thesen Luthers 95 Menschen zu gewinnen, die jeweils 500 Kilometer Fahrrad fahren - allein oder im Team. „Luther bewegt – mich!" wurde zum Titel unseres Projektes.

Dabei sollte auch das Thema „Inklusion" eine entscheidende Rolle spielen. Alle durften mitmachen, keiner sollte ausgeschlossen sein, auch die nicht, die sich nicht mit dem Fahrrad fortbewegen konnten. So war das Projekt ein Beitrag gelebter Inklusion.

Der jüngste Teilnehmer war acht, die älteste Teilnehmerin 98 Jahre alt. Auch das Altenheim machte mit 55 Bewohnern als Team mit. Allerdings fuhren sie nicht Rad, sondern bewegten Rollstühle und Gehwagen. Eine Runde um den Teich hatte eine Länge von 250 Metern. Diese wurde insgesamt 3909-mal umrundet, also knapp 1.000 Kilometer, die beigesteuert wurden.

Um „Luther bewegt – mich!" in diesen fünf Monaten spannend zu halten, gab es unterschiedliche Motivationsanstöße. Gleich zu Beginn, nach der Anmeldung bekam jeder Teilnehmende bzw. jede Gruppe einen Starterbeutel, mit Fahrtenbuch, Kilometerzähler, Aufkleber und Flickzeug zugeschickt. Das hat die Teilnahme verbindlicher gemacht. Jeden Monat wurde an die Teilnehmenden ein „Lutherbrief" verschickt, der gemeinsame Ausfahrten ankündigte, aber auch Berichte von einigen Teilnehmern und die wichtigsten Informationen beinhaltete. Vier gemeinsame Ausfahrten wurden organisiert: bei Wind und Wetter durchs Alte Land, am Alsterlauf oder durch die Boberger Dünen.

Durch ein gemeinsames Ziel Grenzen zu überwinden, mit Menschen zusammenzukommen, denen man sonst nicht begegnen würde, auch das hat „Luther bewegt – mich!" geschafft.

Innerhalb der fünf Monate hatten sich immer wieder Teams gebildet, so auch zu den Hamburger Cyclassics, bei denen ein Team aus zehn Menschen mit und ohne Behinderungen die gut 60 Kilometer lange Strecke bewältigte. Über 500 Kilometer an diesem einen Tag zusammen.

Die Erfolge wurden zum Abschluss bei einem Lutherfest mit einem bunten Programm bei Musik, Essen und Trinken den rund 80 Gästen präsentiert.

Ein ganz besonderer Gast war der eigens aus Dortmund angereiste Hans-Peter Durst (59), Weltmeister und Paralympics-Goldmedaillengewinner im Radfahren. Er hatte von der inklusiven Aktion gehört und fand sie so großartig, dass er sich engagierte. Sein biografischer Bericht bewegte die Festgesellschaft sichtlich: Autobahnunfall, zwei Jahre Krankenhaus, Reha und dann das Rezept seines Arztes für ein Renn-Dreirad, mit dem er in sein neues Leben sprintete. Diese Spezialanfertigung hatte er auch mitgebracht. Sie wurde bestaunt, mehr aber wohl noch seine Goldmedaille, die anschließend herumgereicht wurde.

Ein weiterer Höhepunkt auf dem Fest war die Auswertung. Wurde das Ziel 95 × 500 Kilometer erreicht? Ja, 98 Fahrerinnen und Fahrer schafften diese Strecke innerhalb der fünf Monate. 41 fuhren gleich über 1.000 Kilometer und 3 mehr als stolze 4.000 Kilometer.

Insgesamt waren 218 Personen (Mitarbeitende, Bewohner, Freiwillige, Freunde) Teil der Aktion, die zusammen eine Strecke von 123.000 Kilometer bewältigten, was einer dreimaligen Erdumrundung entspricht.

Luther hat 2017 viele bewegt – und hat auch Spenden eingebracht: Fast 2.600 Euro kamen zusammen, die an ein Musikprojekt von Kindern und Jugendlichen gingen. Eine Aktion, die allen Beteiligten viel Freude gemacht hat. Die Grenzen zwischen Menschen, die betreut und begleitet werden, und Mitarbeitenden und freiwillig Engagierten verschwammen. Alle waren dabei und haben sich für ein gemeinsames Ziel engagiert. Alle haben sich von Luther bewegen lassen!

Das Jahr des Reformationsjubiläums ist vorbei. „Luther bewegt – mich!" ist erfolgreich im Rauhen Haus gelaufen. Vielleicht findet diese inklusive Projektidee über das Lutherjahr hinaus auch andernorts Nachahmer, die mit Luther dreimal um die Welt fahren.

Reinhard Förtsch ist Diakon und arbeitet in der Stabstelle Engagement im Rauhen Haus in Hamburg.

Martinsfest

Uwe Hahn

Kirchliche Feste sind in der Regel sehr nach innen orientiert. Sicher gestaltet man eine Einladung offen und freut sich, wenn Gäste kommen. Die Vorbereitung und Durchführung sind aber fest in der Hand von ehrenamtlich und hauptamtlich mitarbeitenden Gemeindegliedern. Eine Ausnahme bildet das Martinsfest. Kirchgemeinden arbeiten mit Kindergärten, Schulen, dem Heimatverein oder der Freiwilligen Feuerwehr zusammen. Oft werden Martinsfeiern ökumenisch verantwortet. Diese besondere Mischung bilden auch die Besucher ab und diese bringen eine besondere Stimmung in den Kirchenraum. Eine Stimmung, die zu Spannungen führen kann, da es anders ist als sonst. Der Raum ist übervoll, es ist laut, kirchliche Kerntexte/Rituale sind unbekannt, Hunde sind anwesend und die Feuerwehr schaltet im falschen Moment das Martinshorn an. Diese besondere Situation muss bei der Planung berücksichtigt werden.

Seit 2015 gestalten der Ev.-Luth. Kirchenbezirk Leipzig, die Kirchgemeinde St. Thomas, die Anna-Magdalena-Bach-Schule und die Propsteigemeinde St. Trinitatis ein gemeinsames Martinsfest.

Im Jahr 2017 fand das Martinsfest bereits am 10.11. statt. Dabei entstand folgender Entwurf zum Thema:

„Ich trage einen Namen"

Beginn in der St. Trinitatiskirche
(im Altarraum steht für alle sichtbar ein großer Geschenkkarton)

Begrüßung

Lied: Wir feiern heut ein Fest

Moderatoren weisen auf das Geschenk und überlegen mit den Kindern, welches Geschenk wir erhalten haben. Das Geschenk wird ausgepackt. Im Karton befinden sich Buchstaben und vorgefertigte Namen. Buchstaben und Namen werden an eine große Magnetwand angebracht.

Lied: Ich trage einen Namen (1. Strophe)

Spiel: (Frau und Mann werden im Spiel zu Margarethe und Hans Luder)

Mann Das ist schon ein komisches Geschenk. Eine Kiste voll Namen!

Frau Ein Geschenk bekommt man von anderen Leuten. Den Namen bekommst du von den Eltern. Wie ein Geschenk ist der einfach da.

Mann Aber wie kommen die Eltern zu einem Namen?

Frau Da gibt es sicher ganz verschiedene Möglichkeiten: Bücher, Internet …

Mann Und wie hat man das früher gemacht? Also meine Eltern, meine Großeltern, meine Urgroßeltern …

Frau Komm, wir zeigen den Kindern wie es früher war. Heute ist der Geburtstag von Luther. Und wir verwandeln uns in seine Eltern und spielen, wie sie dem Kind einen Namen gegeben haben.

Mann Moment! Du meinst, wir sollen jetzt Theater spielen. Aber wir haben doch keine Bühne, kein Licht, keine Kostüme, keine Requisiten …

Frau Jetzt stell dich nicht so an. Du bist Hans Luder, ich Margarethe und das Kind wurde vor 2 Stunden geboren.

Mann Gut, jetzt bin ich der Hans, hatte totalen Stress mit der Geburt und gehe irgendwohin und überlege, wie das Kind heißen soll. Du bleibst im Haus und ich …. genau … ich geh zum Pfarrer und melde die Taufe an. Denn das weiß ich, früher wurden die Kinder gleich nach der Geburt getauft.

Dialog Hans und Margarethe Luder

Hans (Hans kommt vom Pfarrer zurück) Margarete ich haben den Pfarrer gefragt und der hat gesagt: Das Kind kann morgen getauft werden.

Margarethe Sehr gut. Es sterben so viele kleine Kinder. Es ist gut, wenn schnell getauft wird.

Hans Ja, ja! Dann hat mich der Pfarrer noch etwas gefragt.

Margarethe Raus mit der Sprache. Was hat er gefragt?

→

Hans	Er hat gefragt, wie das Kind heißen soll.
Margarethe	Und?
Hans	Das weiß ich doch nicht.
Margarethe	Hans, du weißt nicht, wie dein Kind heißen soll?
Hans	Vielleicht Hans?
Margarethe	Zweimal Hans im Haus! Wenn ich Hans rufe, kommen immer zwei oder keiner.
Hans	Vielleicht Johannes?
Margarethe	Das klingt doch wie Hans.
Hans	Welchen Namen geben wir dem Kind?
Margarethe	Wir könnten doch einen Namen von unseren Verwandten nehmen.
Hans	Ach das gibt nur Streit. Wenn wir einen Namen aus deiner Familie nehmen, dann ist meine Familie sauer und wenn wir einen aus meiner Familie nehmen, dann sind deine Leute unzufrieden.
Margarethe	Wir brauchen einen Namen!
Hans	Hast du keinen Lieblingsnamen?
Margarethe	Hab ich. Aber das ist ein Geheimnis.
Hans	Sag schon.
Margarethe	Kunibert
Hans	Margarethe, das geht wirklich nicht. Die Lochmanns nebenan, die haben 8 Kinder und für jedes haben sie einen Namen gefunden. Wie haben die das denn gemacht?
Margarethe	Ach, die haben immer die Namen aus dem Heiligenkalender genommen.
Hans	Genau der Namenstag. Heute ist Namenstag von Johannes. Also soll das Kind Johannes heißen.
Margarethe	Hans, der Name war schon durchgefallen und zweitens wird das Kind erst morgen getauft.

Hans	Und wer hat da Namenstag?
Margarethe	Martin.
Hans	Martin?
Margarethe	Martin von Tours, der seinen Mantel mit einem Bettler geteilt hat.
Hans	Bettler? Martin von Tours war ein Soldat, ein Offizier in einer römischen Eliteeinheit. Das war ein Kerl! So ein Kerl soll mein Martin einmal werden, ein Kämpfer für die Gerechtigkeit. Mit dem Schwert in der Hand gegen das Böse. Martin ist ein guter Name.
Margarethe	Der mit dem Schwert den Mantel teilt, so einen Martin wünsche ich mir.
Hans	Welchen Namen geben wir dem Kind?
Margarethe und Hans	Martin!

Lied: Ich trage einen Namen

Verkündigung:
In unserer Geschichte sollte das Kind, der kleine Martin, gleich nach der Geburt getauft werden. Bei der Taufe wurde der Name des Kindes in der Öffentlichkeit genannt. Dadurch kannten alle im Ort den Namen des Täuflings. Der Name ist wichtig. Man kann direkt angesprochen werden. Christen sehen noch etwas anderes. Gott hat uns bei unserem Namen gerufen. Er kennt unseren Namen. Er kennt mich. Ich bin für ihn wertvoll.
(Eine Sprechblase wird um die Buchstaben gezeichnet)

Gebet: Zu den Begriffen D unkelheit, A rmut, N eid, K rankheit, E insamkeit werden Gebetsanliegen formuliert. An der Tafel entsteht aus den vorhandenen Buchstaben der Begriff DANKE.

Segen

Lied: Tragt in die Welt nun ein Licht

Auszug aus der Kirche

Danach Martinsumzug mit Pferd und Lampions.

An der Schule Martinsaktion: Spiel zum Mantelteilen und Teilen der Martinshörnchen.

Abschluss auf dem Schulhof beim Lagerfeuer.

Uwe Hahn ist Studienleiter für Gemeindepädagogik am TPI in Moritzburg und Redakteur bei der Praxis Gemeindepädagogik.

Türen auf!

Adventsaktion für junge Menschen mit Behinderungen in *Tansania*

Antje Lanzendorf

W eihnachten feiern wir Christinnen und Christen die Geburt Jesu Christi. Für ihn war jeder einzelne Mensch wichtig und wertvoll – unabhängig von Geschlecht, Herkunft, sozialem Status, körperlicher oder geistiger Behinderung. Das, was wir heute Inklusion nennen, war für ihn eine selbstverständliche Lebensgrundhaltung.

Es ist klar, dass das Ziel der gleichberechtigten Teilhabe für Menschen mit Behinderungen auch in Deutschland noch längst nicht erreicht ist. Auch für sie bleiben zahlreiche Türen verschlossen. Es gibt aber zahlreiche sozialdiakonische Einrichtungen, die sich nicht nur um eine medizinische Versorgung kümmern, sondern sich auch um eine optimale Förderung bemühen, sowie Rechtsvorschriften, die sicherstellen sollen, dass keine unnötigen Barrieren das Leben erschweren.

In Ländern wie dem ostafrikanischen Tansania haben es behinderte Menschen sehr viel schwerer. Manchmal werden Kinder mit Behinderungen sogar versteckt, weil sie als Strafe Gottes gelten. Häufig fehlt das Geld für Behandlungen und eine angemessene Pflege. Von einer Schul- oder gar Berufsausbildung können viele nur träumen.

Die Evangelisch-Lutherische Kirche in Tansania (ELCT), mit der die Evangelisch-Lutherische Landeskirche Sachsens und die Evangelische Kirche in Mitteldeutschland seit vielen Jahrzehnten partnerschaftlich verbunden sind, unterhält verschiedene Einrichtungen und Projekte, die sich um Menschen mit Behinderungen und ihre Familien kümmern. Drei von ihnen sollen mit der Adventsaktion 2018 unterstützt werden.

Sie liegen in unterschiedlichen Diözesen der ELCT und haben unterschiedliche Arbeitsschwerpunkte. Die Spenden, die bei der Adventsaktion zusammenkommen, werden gedrittelt. →

1. Türen auf ... für ein Leben in Gemeinschaft
Diakoniezentrum Tandala in der Südzentral-Diözese

Das Diakoniezentrum Tandala liegt im bergigen und ländlich geprägten Süden Tansanias. Bedingt durch die Armut in der Region ist auch der Bildungsstandard der Menschen größtenteils gering. Es fehlt häufig an grundlegendem Wissen, wie das Leben von Kindern mit Behinderungen verbessert werden kann – angefangen bei einer gesunden Ernährung bis hin zu staatlichen Hilfen. Für viele Familien ist ein behindertes Kind vor allem eine Belastung, die mitunter auch zur Ausgrenzung führt. Es ist keineswegs selbstverständlich, dass die Kinder am gesellschaftlichen Leben teilnehmen. Deshalb soll in der Region Tandala der Ansatz einer sozialpädagogisch orientierten Physiotherapie des in Neinstedt ausgebildeten Diakons Kirimia Ilomo unterstützt werden. Finanziert werden sollen neben orthopädischen Hilfsmitteln auch Fahrtkosten, Verpflegung und Unterkunft für Angehörige, die sich über die gezielte Pflege und Förderung ihrer Kinder informieren lassen wollen und entsprechende Seminare besuchen.

2. Türen auf ... für schulische Bildung
Diakoniezentrum Faraja in Sanya Juu in der Nord-Diözese

In den Tagesstätten des Diakoniezentrums Faraja im Norden Tansanias sowie in mehreren dezentralen, in Gemeinden verankerten „Tumaini" (Hoffnungs)-Zentren werden geistig und/oder körperlich benachteiligte Kinder und Jugendliche, die nicht auf eine normale Grundschule gehen können, gezielt gefördert und unterrichtet. Dies ist eine Voraussetzung, um später einen Beruf zu erlernen oder weiterführende Schulen zum Beispiel in Usa River besuchen zu können. Wir möchten das Zentrum insbesondere bei den laufenden Kosten für Renovierungen und Reparaturen sowie bei der Anschaffung von Schulkleidung und Unterrichtsmaterialien unterstützen.

Die Bitte um finanzielle Unterstützung ist allerdings nur ein Aspekt. Die Initiatoren wünschen sich, dass sich die Gemeinden und andere kirchliche Einrichtungen im Rahmen der Adventsaktion mit der Lebenssituation in den Partnerkirchen beschäftigen. Vor allem Christenlehregruppen, evangelische Kindertagesstätten, Horte und Grundschulen sind eingeladen, die Materialien der Adventsaktion als Grundlage für das globale Lernen zu nutzen.

Dafür wurde unter Mitwirkung von Pädagoginnen ein Materialheft erarbeitet, das zum Beispiel auch didaktische Anregungen für einen Morgenkreis oder ähnliches enthält. Außerdem sind Andachten, Lieder, Geschichten zum Vorlesen, Bastelanregungen und Spiele enthalten.

Auch wer mehr über die Projekte und die Situation von behinderten Menschen in Tansania erfahren möchte, findet Informationen in dem Heft.

Die Schirmherrschaft für die Adventsaktion „Türen auf!" wurde vom Vorstandsvorsitzenden der Diakonie Mitteldeutschland Christoph Stolte übernommen. Sie wird am 11. November (Martinstag) um 10 Uhr mit einem Familiengottesdienst in Leipzig-Stötteritz eröffnet und läuft bis zum 6. Januar (Epiphanias). Die Materialien sind ab September als PDF-Dokument auf der Internetseite des Missionswerkes erhältlich.

3. Türen auf ... für ein unabhängiges Leben
Rehabilitationszentrum in Usa River –
Integrative Sekundarschule in der Meru-Diözese

Im Rehabilitationszentrum in Usa River im Norden Tansanias wurde eine integrative Sekundarschule errichtet, die im Januar 2019 eröffnet werden soll. Sie ermöglicht sowohl Menschen mit als auch ohne körperliche(r) Beeinträchtigung eine weiterführende Schulbildung bis hin zum Abitur. Damit wird die bereits seit vielen Jahrzehnten gut etablierte Ausbildung in verschiedenen Handwerksberufen ergänzt. In Usa River wird immer wieder deutlich, dass auch Menschen mit einer Behinderung wertvolle Mitglieder ihrer Familie und der sozialen Gemeinschaft sein können. Damit die für eine staatlich anerkannte Schule geltenden Standards erfüllt werden können, möchten wir beispielsweise die Ausstattung der Fachlabore mitfinanzieren.

www.leipziger-missionswerk.de

Antje Lanzendorf ist Leiterin der Öffentlichkeitsarbeit im Leipziger Missionswerk.

Gesten als nonverbale Elemente in der Erzählsprache

Übertragbare Anregungen aus dem Godly Play/ Gott-im-Spiel-Konzept

Martin Steinhäuser

1 Wort und Körper im Zusammenspiel

Sprache ist mehr als Worte. Mitteilungen gewinnen ihre Bedeutung nicht bloß aus den verwendeten Wörtern. Jeder, der vor einer Gruppe spricht und insbesondere jede, die Erzählungen hört oder selbst erzählt, weiß um die Bedeutung von stimmlichen Modulationen und von Körpersprache in Mimik und Gestik. Im Idealfall unterstützen sich Wort, Tonfall und Körpersprache gegenseitig. Eine lebendige Darbietung kann die Wirkung des erzählten Inhaltes enorm steigern. Wiederum kann die Erzählung insgesamt schwer beeinträchtigt werden, wenn es zwischen den genannten Ausdrucks-Elementen Widersprüche gibt, wenn also etwa ein langweiliger Inhalt im Modus höchster Spannung präsentiert wird, die Hörer aber beim besten Willen nicht erkennen können, worin denn das Spannende nun bestehen soll. Mit ein wenig Nachdenken werden sich die Leserinnen und Leser dieses Beitrages sogar an solche Erzählungen erinnern, wo ein übertriebenes Maß an eingesetzter Mimik und Gestik den Inhalt des Erzählten lächerlich zu machen drohte! Werden Tonfall, Mimik und Gestik hingegen sparsam und gezielt eingesetzt, dann können diese Elemente nonverbaler Sprache mindestens ebenso wirkungsvoll sein wie der Inhalt der erzählten Worte.

Im Erzählkonzept von Godly Play werden Tonfall und Mimik äußerst zurückhaltend eingesetzt. Die Erzählerin dramatisiert nicht. Die Hörer sollen ihre eigenen Gefühle für das Geschehen entwickeln können, statt von den Gefühlen des Erzählers abgelenkt zu werden. Auch die Mimik spielt kaum eine Rolle, im Gegenteil: Der Erzähler hält seine Augen auf das Geschichtenmaterial gerichtet, um die Aufmerksamkeit der Zuhörer dorthin zu lenken, statt auf sich selbst. Die Gesten, die zum Einsatz kommen, gehören zu dem breiten Bereich des nichtsprachlichen Lehrens und Lernens.

Zum Verständnis sei gesagt, dass bei Godly Play stets materialgestützt erzählt wird. Werden dann Gesten eingesetzt, so beziehen sie sich stets auf bestimmte, in den Erzählungen und dazugehörigen Materialien verdichtete menschliche Erfahrungen. Diese Gesten werden von den Teilnehmenden meist als besonders eindrücklich geschildert. Dies gilt für das Godly-Play-Konzept ebenso wie für seine Weiterentwicklung im deutschen Sprachraum unter dem Namen Gott im Spiel. Was hat es mit diesen Gesten auf sich, und welche Anregungen können sie auch über dieses spezielle Konzept hinaus geben? Zunächst einige Beispiele:

2 Beispiele

2.1 Die Nähe-Geste

Im Godly Play/Gott-im-Spiel-Konzept geht es ganz zentral um die Möglichkeit für Menschen, Gottes Gegenwart zu erfahren, seine Nähe zu spüren, ihm zu begegnen im Alltag wie im Gottesdienst. Dies gilt sowohl für solche Situationen, wo Menschen Gottes Stimme vernehmen und einen Auftrag oder einen besonderen Zuspruch erhalten (z.B.: in den Abrahams-Erzählungen oder in den Berufungen der Propheten), als auch für solche Situationen, in denen Jesu Nähe für Menschen in besonderer Bedürftigkeit eine lebensverändernde Qualität gewinnt (z.B. Heilungen, Jünger-Berufungen). Bei der sog. Nähe-Geste stellt die Erzählerin ihre beiden Hände nacheinander „umhüllend" um eine oder mehreren Figuren und begleitet ihr Tun mit Worten wie etwa: „Da kam Gott Abram ganz nahe und Abram kam Gott so nahe, dass er verstand, was Gott sagte: ,Du wirst zum Vater einer großen Familie werden ...'."

Abb. 1: Nähe-Geste   (Foto M. Kaiser © Godly Play deutsch e.V.)

An dieser Geste lässt sich sehr schön zeigen, dass Gesten, wie viele andere Symbole auch, ambivalent erlebt werden können. Manche Zuschauer empfinden die Stellung der Hände nicht als schützend und zärtlich umhüllend, sondern als einengend oder sogar überwältigend. Deshalb ist es sehr wichtig, Gesten sorgfältig auszuführen und auf den Zusammenklang mit den Worten zu achten. Im Beispiel der Nähe-Geste bedeutet das, die Hände langsam

→

und nacheinander um die Figur zu stellen und sie nach vorn und oben offen zu halten.

2.2 Die Segens-Geste

Die sog. Segen-Geste wird verwendet, um die bejahende Gegenwart GOTTES zu symbolisieren. Nur für einen kurzen Moment wird die Hand mit einem kleinen Abstand über eine Figur gehalten, oder über ein Grab, oder

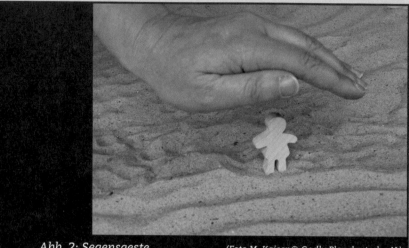

Abb. 2: Segensgeste   *(Foto M. Kaiser © Godly Play deutsch e.V.)*

über eine Bildtafel zu einem der Schöpfungstage. In allen Fällen ist die Aussage gleich: Behütung und Bestärkung erreicht einen bestimmten Aspekt menschliches Lebens „von oben her".

2.3 Die feindliche Hand

Viele Gesten symbolisieren allerdings keine Gottesbeziehung, sondern den emotionalen Gehalt einer Naturerfahrung oder zwischenmenschlichen Begegnung.

Abb. 3: Nein-Geste des Pharao in der Darbietung zum „Exodus"
(Foto U. Schulte-Tornay © Godly Play deutsch e.V.)

In diesem Beispiel symbolisiert eine schräg in den Sand oder auf die Filzunterlage gestellte Hand eine massive, feindlich gesonnene Abwehr. Dies ist z. B. der Fall, wenn der Pharao in der „Exodus"-Darbietung auf Moses' Bitte: „Lass mein Volk ziehen!" mit „Nein!" antwortet. Das gleiche gilt, wenn eine Hand schräg aufgestellt durch

den Wüstensand auf die Stadt Jerusalem zu ‚geschoben' wird, wie in der Darbietung zu „Exil und Rückkehr", um die kriegerische Bedrohung und Belagerung durch die Assyrer und später durch die Babylonier zu verdeutlichen.

2.4 Wirbel und Verwirrung

Die Darbietung zum Propheten Elija soll als Beispiel dafür dienen, dass Gesten die im Erzähltext enthaltenen Handlungsstruktur sichtbar machen können, sie in eine Bewegung übersetzen, sie gleichsam „als Prozess" leichter zugänglich machen. Dies gilt etwa für das Herabfallen des Feuers vom Himmel im Gottesurteil auf dem Berg Karmel, oder das Erlebnis der Naturgewalten auf dem Berg Horeb im Unterschied zur Gegenwart Gottes im sanften Säuseln, oder die geheimnisvolle Entrückung des Propheten am Ende der Darbietung. Wenn Sie ein Smartphone mit QR-Software haben, können Sie nebenstehenden Code scannen. Er führt Sie zu einem kurzen Film, der diese drei Gesten der Darbietung veranschaulicht. Man kann den Film auch ohne Smartphone direkt im Internet aufsuchen unter www.godlyplay.de/elija

3 Reflexion

Gesten spielen eine bestimmte, begrenzte Rolle im Rahmen des nonverbalen Erzählens. Sie vermögen Bedeutungen und Befindlichkeiten auf eine Weise auszudrücken, die sich sprachlicher Darstellung entzieht. Gesten treten nur selten isoliert auf. Zumeist haben sie Teil an der Verleiblichung des Erzählten. Sie lassen einen Vorgang Gestalt gewinnen. Sie tragen dazu bei, dass die Zuhörer einen Zugang zum emotionalen Gehalt des Erzählten gewinnen. Häufig gehen Gesten mit einem Moment der Stille einher.

Nicht jede „Bewegung mit den Händen" kann als „Geste" in dem Sinn einer bedeutungsvollen Handlung bezeichnet werden! Es gilt, „Spielhandlungen" von „Gesten" zu unterscheiden. Bei einer Spielhandlung werden die Gegenstände oder Hände bewegt, weil das kinetisch einfach nötig ist ist. Auch unterscheidet die Verwendung eines gespielten Gegenstandes nicht unbedingt eine Spielhandlung von einer Geste. Auch wörtlich genommen sind „Gesten" nicht auf die Hände beschränkt, denn die lateinische Wortwurzel „gerere" deutet auf „an sich tragen", das Wort „gestus" heißt „Haltung, Gebärde". Aus liturgiewissenschaftlicher Perspektive weist Karl-Heinrich Bieritz darauf hin, dass man zwischen „begleitend-unterstreichenden" und „eigenständigen" Gesten unterscheiden kann, und zwar hinsichtlich ihres Verhältnisses zum gesprochenen Wort.

Obwohl es auch hierzu unterschiedliche wissenschaftliche Auffassungen gibt, sei doch auf die Möglichkeit hingewiesen, „Gesten" von „Gebärden" so zu unterscheiden, dass „Gebärden eine eindeutig bezeichnende Funktion hätten (wie etwa in der Gebärdensprache), wohingegen „Gesten" von einem symbolischen Bedeutungsüberschuss gekennzeichnet seien.

Bieritz weist auf eine weitere Unterscheidung hin: Manche Handhaltungen sind kulturell definiert, durch ihre alltägliche Verwendung. Man könnte sie als anthropologische „Codes" bezeichnen, die in die rhetorische Kommunikation einfließen (z. B. „Handflächen nach unten:

Abwehr, Negation; nach oben: Zustimmung; senkrecht: neutral). Wiederum können solche Codes im Rahmen ritueller Kommunikation eine andere Bedeutung erlangen (etwa nach oben geöffnete Hände beim Gebet oder senkrecht erhobene Hände beim Segen). Wer also Gesten im Zusammenhang erzählerischer Darbietungen einsetzt, sollte sich darüber klar sein, mit welchen kulturellen Definitionen diese oder jene Geste in der Erfahrung der Zuhörenden konnotiert sein könnte und welche Umdeutungen alltäglicher Gesten eventuell bewusst vorgenommen werden sollen.

4 Kriterien zur Verwendung von Gesten beim Erzählen

Im Zuge der adaptiven Weiterentwicklung von Godly Play zu Gott im Spiel wurden in den Geschichten-Entwicklerteams, in den Erprobungsphasen und bei diesbezüglichen Aufbaukursen und Workshops intensiv über Sinn und Unsinn des Einsatzes von Gesten in Darbietungen diskutiert. Dabei wurden folgende Kriterien herausgearbeitet, die auch außerhalb dieses Konzeptes für all jene anregend sein könnten, die auf ähnliche Weise materialgestützt erzählen:

- Sparsam (statt inflationär) einsetzen
- Ruhig und konzentriert zeigen
- Emotionsbewusst (statt oberflächlich-manipulierend) verwenden
- Sich der Eigenaussage einer Geste bewusst sein (ihre „teilweise oder gänzlich sprachersetzende" Wirksamkeit)
- Imaginations-unterstützend einsetzen (statt effektbedachte oder naturalistische Dramatisierung)

Insgesamt gesehen sollten Gesten pädagogisch reflektiert eingesetzt werden. Das heißt, dass ihre Verwendung in zwei Richtungen bedacht sein will: Zum einen als Unterstützung der Erzählung, zum anderen als Spiegel des Bildes, das die Leiterin/der Leiter von den beteiligten Menschen hat. Das klingt vielleicht ein wenig pauschal. Aber es wird sofort konkret, wenn man sich vorstellt, wie Figuren durch eine Landschaft gehetzt werden, während der Erzähler von einem langen, beschwerlichen, sich hinziehenden Wanderweg berichtet. Oder wenn man sich die Gefühle bei den Zuhörern vorstellt, sollte die Erzählerin eine Figur am Kopf fassen und bewegen, statt an Schultern oder Armen. Der bewusste Umgang mit gestischen Mitteln des Erzählens will geübt sein. Die fokussierende, vertiefende Wirkung lohnt die Mühe.

www.godlyplay.de

Dr. Martin Steinhäuser ist Professor für Gemeindepädagogik und kirchliche Arbeit mit Kindern an der Evangelischen Hochschule Moritzburg.

IMPRESSUM

PRAXIS GEMEINDEPÄDAGOGIK (PGP)

ehemals »Christenlehre/Religionsunterricht–PRAXIS«
ehemals »Die Christenlehre«

71. Jahrgang 2018, Heft 3

Herausgeber:
Amt für kirchliche Dienste in der Evangelischen Kirche Berlin-Brandenburg-schlesische Oberlausitz
Pädagogisch-Theologisches Institut der Nordkirche
Theologisch-Pädagogisches Institut der Evangelisch-Lutherischen Landeskirche Sachsens
Pädagogisch-Theologisches Institut der Evangelischen Kirche in Mitteldeutschland und der Evangelischen Landeskirche Anhalts

Anschrift der Redaktion:
Dr. Lars Charbonnier, c/o Evangelische Verlagsanstalt GmbH, »PGP-Redaktion«, Blumenstraße 76, 04155 Leipzig, E-Mail ‹redaktion@praxis-gemeindepaedagogik.de›

Redaktionskreis:
Dr. Lars Charbonnier, Führungsakademie für Kirche und Diakonie, Haus der EKD, Charlottenstraße 53/54,10117 Berlin
Uwe Hahn, Theologisch-Pädagogisches Institut Sachsen, Bahnhofstraße 9, 04168 Moritzburg
Petra Müller, Fachstelle Alter der Ev.-Luth. Kirche in Norddeutschland, Gartenstraße 20, 24103 Kiel
Dorothee Schneider, PTI der Ev. Kirche in Mitteldeutschland und der Landeskirche Anhalts, Zinzendorfplatz 3, 99192 Neudietendorf
Jeremias Treu, Amt für kirchliche Dienste in der Ev. Kirche Berlin-Brandenburg-schlesische Oberlausitz, Goethestraße 26–30, 10625 Berlin
Christine Ursel, Diakonisches Werk Bayern – Diakonie.Kolleg., Pirckheimerstraße 6, 90408 Nürnberg
Redaktionsassistenz: Sina Dietl, Evangelische Verlagsanstalt GmbH

Verlag: EVANGELISCHE VERLAGSANSTALT GmbH, Blumenstraße 76, 04155 Leipzig, www.eva-leipzig.de
Geschäftsführung: Sebastian Knöfel

Gestaltung/Satz: Kai-Michael Gustmann, Evangelisches Medienhaus GmbH

Druck: Druckerei Böhlau, Ranftsche Gasse 14, 04103 Leipzig

Anzeigen: Rainer Ott · Media | Buch- und Werbeservice, PF 1224, 76758 Rülzheim, Tel. (0 72 72) 91 93 19, Fax (0 72 72) 91 93 20, E-Mail ‹ott@ottmedia.com›
Es gilt die Anzeigenpreisliste Nr. 11 vom 1.1.2012

Abo-Service: Christine Herrmann, Evangelisches Medienhaus GmbH, Telefon (03 41) 7 11 41 22, Fax (03 41) 7 11 41 50, E-Mail ‹herrmann@emh-leipzig.de›

Zahlung mit Bankeinzug: Ein erteiltes Lastschriftmandat (früher Einzugsermächtigung genannt) bewirkt, dass der fällige Abo-Beitrag jeweils im ersten Monat des Berechnungszeitraums, in der letzten Woche, von Ihrem Bankkonto abgebucht wird. Deshalb bitte jede Änderung Ihrer Bankverbindung dem Abo-Service mitteilen. Die Gläubiger-Identifikationsnummer im Abbuchungstext auf dem Kontoauszug zeigt, wer abbucht – hier die Evangelische Medienhaus GmbH als Abo-Service der PRAXIS GEMEINDEPÄDAGOGIK.
Gläubiger-Identifikationsnummer: DE03EMH00000022516

Bezugsbedingungen: Erscheinungsweise viermal jährlich, jeweils im ersten Monat des Quartals. Das Jahresabonnement umfasst die Lieferung von vier Heften sowie den Zugriff für den Download der kompletten Hefte ab 01/2005. Das Abonnement verlängert sich um ein Kalenderjahr, wenn bis 1. Dezember des Vorjahres keine Abbestellung vorliegt.

 Bitte Abo-Anschrift prüfen und jede Änderung dem Abo-Service mitteilen. Die Post sendet Zeitschriften nicht nach.

ISSN 1860-6946
ISBN 978-3-374-05713-9

Preise:
Jahresabonnement* (inkl. Zustellung):
Privat: Inland € 40,00 (inkl. MwSt.), Ausland € 50,00 (exkl. MwSt.);
Institutionen: Inland € 48,00 (inkl. MwSt.), Ausland € 58,00 (exkl. MwSt.);
Rabatte – gegen jährlichen Nachweis: Studenten 35 Prozent; Vikare 20 Prozent;
Einzelheft (zuzüglich Zustellung): € 14,00 (inkl. MwSt.)
* Stand 01.01.2018, Preisänderungen vorbehalten

Unsere nächste PGP-Ausgabe erscheint im November 2018.

Buchtipps für die gemeindliche Praxis

Petra Müller

Zehn hauptamtliche Mitarbeitende aus der Jugendarbeit geben in dem Buch „**Unterwegs Neues wagen**" ihre Erfahrungen in Bezug auf Jugendfreizeiten weiter. Die Einführung beschäftigt sich mit der Frage, welche Faktoren eine Rolle spielen, um das richtige Freizeitkonzept für die eigene Gruppe zu finden. Das Buch gibt Mitarbeitenden in der Jugend- und Freizeitarbeit Impulse für die Gestaltung von Freizeiten. Es wird

deutlich, welche anderen Freizeitformen - neben den bekannten - auch noch möglich sind: Von der „Null-Euro-Freizeit" über den „Sozialen Einsatz" und einer „Führerscheinfreizeit" bis zum „Festival". Jedes Konzept enthält neben allen wichtigen Informationen rund um die Planung und Durchführung auch ein Zeitraster sowie Vorschläge für inhaltliche Einheiten. Die Informationen werden übersichtlich dargestellt. Alle Konzepte sind praxiserprobt. Herausgegeben ist das Buch von **Michael und Jürgen Kehrberger** und ist im Verlag buch+musik des Evangelischen Jugendwerkes in Württemberg erschienen.
buch+musik, Stuttgart 2016, 128 Seiten
broschiert, ISBN 978-3-86687-144-1, EUR 14,95

Jedes Thema hat ein Gegenthema. Daher hat in einer Heftausgabe, die das Thema „FreiZeit" von verschiedenen Seiten in den Blick nimmt, auch ein Buch zum Themenfeld Arbeit seine Berechtigung. Es besteht verstärkt die Tendenz, das Leben auf das Wochenende zu verschieben. Nach vier Berufstagen gehen wir am Freitagmittag ins wohlverdiente Wochenende. Wir suchen nach Wegen, um

die verschiedenen Säulen des Lebens in Balance zu halten. Wenn sie ins Ungleichgewicht geraten, brennen wir aus. Das benediktinische „ora et labora" kann uns helfen, eine Haltung zu entwickeln, auch im Berufsalltag das Leben zu entdecken. Eine wesentliche Voraussetzung dafür ist die Sinnhaftigkeit. **Anselm Grün** zeigt auf, dass wir in der Regel Benedikts Impulse und Hilfestellungen bekommen können, damit wir unsere Arbeit auch als einen segensbringenden Teil des Lebens sehen können. „**Leben – nicht nur am Wochenende. Wie Arbeit lebendig macht**" ist für all die eine Anregung, die sich nach einer vertiefenden Einstellung zur Arbeit inmitten der alltäglichen Forderungen, denen wir ausgesetzt sind, sehnen.
Vier-Türme-Verlag, Münsterschwarzach 2018, 158 Seiten
gebunden, ISBN 978-3-7365-0131-7, EUR 19,00

Was machen wir mit den Frei-Räumen, die sich nach dem Beruf auftun? Dann „wird es Zeit, sich an die alten Träume zu erinnern, neuen Träumen Raum zu geben und neuen Sinn zu entdecken". Von vielem befreit, können Menschen in der nachberuflichen Lebensphase neu entdecken, was sie tun wollen, wie sie leben möchten und wie ihr Leben Sinn und Tiefe finden kann, denn: „**Noch einmal ist alles offen**" – so der Buchtitel von **Cornelia Coenen-Marx**. Die Autorin

zeigt Chancen und Möglichkeiten auf, wie sich die Zeit jenseits des Ruhestandes sinnvoll gestalten lässt. Sie führt aus, wie wichtig lebendige Beziehungsnetze und Nachbarschaften sind und wie notwendig es für unsere Gesellschaft ist, neue Sorgestrukturen aufzubauen. Sie ermutigt aber auch, sich mit der eigenen Begrenztheit und Endlichkeit auseinanderzusetzen. Ebenso führt sie die Leserinnen und Leser aber auch zu den drängenden gesellschaftlichen Fragen, die neue politische Lösungen brauchen. Dabei wälzt sie die Verantwortung nicht allein auf die Politik ab, denn es gehe darum, die eigene Lebenserfahrung und das politische Nachdenken zusammenzubringen, um es in Engagement umzuwandeln, so die Autorin. Ein sehr anregendes Buch!
Kösel Verlag, München 2017, 208 Seiten
kartoniert, ISBN 978-3-466-37182-2, EUR 17,99

Ein Klassiker unter den Spielebüchern, nun schon in der 3. Auflage: „**Das große Buch der Spiele und Freizeitideen**". Mit mehr als 300 Spielen und Aktionen bietet das Buch einen großen Schatz an praxisnahen und kreativen Ideen für die Kinder- und Jugendarbeit sowie für Schule und Familie. Die Palette reicht dabei von komplett gestalteten Themennachmittagen über Programmvorschläge für Kinder- und

Jugendgruppen, Ferienlager, Schullandheimaufenthalte oder Kindergeburtstage. Zu den Programmvorschlägen sind zahlreiche Spielideen aufgeführt, die sich zusätzlich als Druckvorlage für Karteikarten auf der beiliegenden CD-ROM befinden. Die Spiele sind gut geordnet, klar beschrieben und leicht auffindbar. Die beiden Autoren **Hans Hirling** und **Sascha Ruser** sind erfahrene Jugend- und Freizeitleiter. Wer noch mehr haben will: Von Hans Hirling gibt es in der 5. Auflage (2018) auch noch das große Buch der 1000 Spiele für Freizeit, Kinder- und Jugendarbeit; ebenfalls im Verlag Herder erschienen.
Verlag Herder GmbH, Freiburg im Breisgau, 3. Auflage 2016, 224 Seiten
gebunden, ISBN 978-3-451-30150-6, EUR 19,95

Bernd Schröder / Jan Hermelink / Silke Leonhard (Hg.):
Jugendliche und Religion.
Analysen zur V. Kirchenmitgliedschaftsuntersuchung der EKD,
Religionspädagogik innovativ, Bd. 13, Stuttgart: Kohlhammer 2017,
ISBN 978-3-17-031143-5, 303 S., Pb., EUR 35,00

Die V. Kirchenmitgliedschaftsuntersuchung hat einiges Aufsehen erregt und den Begriff der Indifferenz hoffähig in den kirchlichen Diskurs eingebracht – ohne damit wirklich konstruktives Potential zu entfalten. Um so begrüßenswerter ist es, dass die Studie vertiefend analysiert wird, wie es in diesem Band mit dem Fokus auf die gemeindepädagogisch wie kirchenentwicklerisch wichtige Zielgruppe der Jugendlichen getan wird.

Auf zwei Tagungen des Religionspädagogischen Instituts in Loccum geht dieser Band zurück und stellt ihre wesentlichen Ergebnisse dar. Einleitend beschreibt zunächst Jan Hermelink konzeptionelle Horizonte der KMU, die Kirchenmitglieder als selbstverantwortliche Akteure konzipiert und entsprechend ihre soziale Praxis der Mitgliedschaft in den Blick nimmt und, methodisch neu, auch netzwerktheoretisch untersucht. Die zweite Herausgeberin, Silke Leonhard, begründet den spezifischen Blick auf die KMU V durch die religionspädagogischen, jugendbezogenen Brille insbesondere damit, dass darin unterschiedlich gelagerte Impulse für die zukünftige Konzeption der Religionspädagogik enthalten sind.

Den größten Raum des Bandes nehmen dann Re-Analysen und Interpretationen der jugendbezogenen Daten ein, die in dieser KMU auch umfangreicher als bisher erhoben wurden: So versammelt das zweite Kapitel des Buches Hilke Rebenstorfs Analyse der Gretchenfrage in der Generation U30 sowie eine clusteranalytische Auswertung zur Reichweite konfessioneller Positionen im individuellen Glauben von Ulrich Riegel und Anne Elise Hallwaß. Elisabeth Hohensee untersucht die Kommunikation von Sinnfragen unter jugendlichen Kirchenmitgliedern unter dem schönen Zitat-Titel „Ich habe krass viele Fragen wegen dem Sinn des Lebens". Stefanie Lorenzen beschäftigt sich in ihrem Beitrag näher mit dem Phänomen religiöser Indifferenz und kommt zu dem Schluss, dieser durch stärkere „Institutionalisierung" von Religion in religionspädagogischer Hinsicht zu begegnen. Den Zusammenhang von sozialem Vertrauen und Religion untersucht Nicalo Bücker. Birgit Weyel und Jan Hermelink werten die Netzwerkerhebung in einer Kirchengemeinde mit dem jugendspezifischen Schwerpunkt aus. Frank M. Lütze fokussiert auf die Konfessionslosigkeit und Ilona Nord schließlich fragt an, ob nicht aufgrund der Entwicklungen in den Medien das Untersuchungsdesign der KMU deutliche Anpassungen an die Zielgruppen brauche.

In einem dritten Kapitel werden weitere empirische Studien in den Dialog aufgenommen: Bernd Schröder analysiert zehn Jahre schulbezogener empirischer Forschung, während Mike Corsa aus seiner verbandsgebundenen Sicht Jugend und Religion beleuchtet. Das vierte Kapitel versammelt internationale Vergleichsperspektiven, namentlich die Niederlande und Finnland. Am Ende skizziert Bernd Schröder Anregungen für die reflektierte religionspädagogische Praxis. Dabei ist eine Beobachtung für ihn leitend: „dass die ‚Anschlussfähigkeit der jüngeren Generationen an die Religion, so wie sie in der evangelischen Kirche praktiziert wird' (Gert Pickel), stets – und

jetzt, im Lichte der hier diskutierten Befunde, erst recht – auf dem Laufenden gehalten und verbessert werden sollte." (287) Zur Reflexion dessen dient dieser Band definitiv.

Gerhard Wegner (Hg.):
Von Arbeit bis Zivilgesellschaft.
Zur Wirkungsgeschichte der Reformation, Leipzig: EVA 2017,
ISBN 978-3-374-04865-6, 401 S., Hc., EUR 30,00

Wie es aussehen kann, die Relevanz der Kirche und des evangelischen Glaubens in seiner Tradition und für die Gegenwart aufzuzeigen, zeigt dieser Band: 30 Autorinnen und Autoren versammeln in ihm spannende Wirkungsgeschichte(n) von Martin Luther und der von ihm maßgeblich ausgehenden Reformation und skizzieren dessen Bedeutung bis heute. Die schreibenden prominenten Zeitgenossinnen und Zeitgenossen ganz unterschiedlicher und nicht nur theologischer Provenienz sind einem einheitlichen Schema in ihren Beiträgen gefolgt: Am Anfang fragen sie, wie der Reformator ihr Thema verstanden hat. Dann folgt ein Gang durch die Wirkungsgeschichte, um schließlich nach der heutigen Relevanz – auch in aller kritischen Distanz – zu fragen. Das Spektrum der bearbeiteten Begriffe ist ebenso groß wie interessant: Arbeit, Alter, Beruf, Bildung, Diakonie, Ehe, Eherecht, Familie, Freiheit, Fürsorgen, Geld, Genossenschaften, Gerechtigkeit, Gleichheit, Kapitalismus, Liberalismus, Liebe, Nachhaltigkeit, Rechtfertigung, Rechtsstaatliche Demokratie, Reformation, Religion, Revolution, Säkularisierung, Soziale Marktwirtschaft, Sozialismus, Sozialstaat, Technik, Wirtschaftsethik, Zivilgesellschaft sind die Begriffe, die von den namhaften Autorinnen und Autoren erörtert werden. Zwei Beiträge seien hier exemplarisch erwähnt, verbunden mit der Hoffnung, darin auch klare Tendenzen des Buches erkennbar zu machen.

Margot Käßmann z.B. schreibt über Religion. Zumindest ist das ihre Überschrift, denn der Text befasst sich vor allem mit Toleranz innerhalb des interreligiösen Dialogs. Eine wirklich religionstheoretische Erörterung findet nicht statt, der Begriff wird außer über eine EKD-Schrift nicht weiter definiert. Vielmehr steht am Ende der Aufruf nach streitbarer Toleranz, die Unterschiede nicht nivelliert, aber das gütliche Nebeneinander der Religionen in der Welt als sinnvolle Wirkungsgeschichte skizziert.

Über Bildung schreiben Jutta Allmendinger und Lisa Schulz. Für sie ist die Reformation Dreh- und Angelpunkt der deutschen Bildungsgeschichte. Denn hier wird deutlich markiert, wie zentral Bildung für die Gesellschaft ist, so die Autorinnen. Deshalb sehen sie in den reformatorischen Impulsen auch wesentliche Impulse bis heute in der Frage, mit welchen auch gesellschaftlichen Zielen Bildung heute angegangen und verwirklicht wird, normativ dahingehend, dass Bildungsgerechtigkeit mit einer Förderung der Bildungsangebote und da insbesondere einer finanziellen Unterstützung dieser erreichbar sein müsse.

Am Ende hält man ein schön gestaltetes Buch in den Händen, das zentrale Themen der Reformationsgeschichte aufgreift, wenngleich nicht jeder Beitrag ein in seiner Qualität bestechender ist. Die begriffsbestimmenden Erörterungen sind aber mit Sicherheit gerade für die gemeindepädagogische Praxis anregende Materialien.

→

Passend zum Forumsbeitrag dieser Ausgabe sollen schließlich Werke rund um den Ansatz von „Godly Play" in seiner Weiterentwicklung als „Gott im Spiel" in den Blick geraten. Drei neue Bände sind jüngst erschienen:

Ursula Ulrike Kaiser / Ulrike Lenz /
Evamaria Simon / Martin Steinhäuser:
Gott im Spiel.
Godly Play weiterentwickelt.
Handbuch für die Praxis,
Stuttgart / Leipzig / München: Calwer / EVA /
Don Bosco 2018,
ISBN 978-3-374-05470-1, 296 S., Pb.,
EUR 24,95

Martin Steinhäuser (Hg.):
Gott im Spiel.
Godly Play weiterentwickelt.
Vertiefungsgeschichten zum
Alten Testament,
Stuttgart / Leipzig / München: Calwer / EVA /
Don Bosco 2018,
ISBN 978-3-374-05468-8, 224 S., Pb.
EUR 19,95

Martin Steinhäuser (Hg.):
Gott im Spiel.
Godly Play weiterentwickelt.
Jesusgeschichten,
Stuttgart / Leipzig / München: Calwer /
EVA /
Don Bosco 2018,
ISBN 978-3-374-05469-5, 320 S., Pb.,
EUR 22,95

Wesentlich für die Weiterentwicklung „Gott im Spiel" als ein „Konzept spiritueller Bildung" (7) ist das Handbuch für die Praxis, das sich an unterschiedliche Berufe und Einsatzfelder in der Religions- und Gemeindepädagogik richtet. Es entfaltet den als generationenübergreifend gedachten, aber auf 2–12 Jahre alte Kinder fokussierten Ansatz in Grundzügen, stellt idealtypisch die Phasen des Spielens dar und endet mit starken Impulsen zur Umsetzung in die Praxis: Martin Steinhäuser erörtert im ersten Kapitel die nötigen Schritte zum „Bereit werden". Ursula Ulrike Kaiser beschreibt den Schritt „Eine Geschichten erzählen und präsentieren". Die methodische Anleitung zum „Ergründen" stellt Evamaria Simon im Kapitel III vor. Im Kapitel IV

beschreiben Martin Steinhäuser und Evamaria Simon die „Spiel- und Kreativphase". Dem „Fest" ist das V. Kapitel von Ulrike Lenz gewidmet. Martin Steinhäuser wiederum lädt dann im VI. Kapitel dazu ein, „Mit Gott im Spiel in die Praxis" zu gehen. Hier geraten die vielseitigen Lernorte in den Blick, von der Kinderkrippe bis ins Seniorenheim. Ein umfangreicher Anhang mit Anleitungen und vielen interessanten Materialien rundet den auch grafisch sehr ansprechend gestalteten Band ab. Was mir neben der klaren Praxisorientierung – manchmal schon fast zu eng in der Vorgabe jeder Formulierung für einen, der prozess- und hörerorientiert zu erzählen gelernt hat – gefällt, ist, dass begründet wird, was wie zur Darstellung kommt, und dass damit der eigene theologisch-religionspädagogische Ansatz konsequent verfolgt und in sich stimmig konzipiert wird. Dass sowohl theologisch wie pädagogisch an manchen Stellen auch andere Entscheidungen gefällt werden könnten, ist damit impliziert.

Die beiden weiteren Bände ergänzen das Handbuch durch detaillierte Anleitungen zur Umsetzung des Ansatzes anhand konkreter biblischer Geschichten. Ein breites Spektrum der Geschichten aus dem Alten Testament wird hier geboten: Die Menschheitsgeschichten vom Garten Eden über Abraham und Rut zu Hiob, Biographiegeschichten von Sara und Hagar, Jakob, Josef, Mose, Samuel sowie David und schließlich Prophetengeschichten, angefangen bei Elija über Jesaja zu Jeremia, Ezechiel und Daniel. Am Ende stehen wiederum sehr hilfreiche Kopiervorlagen, hier die Elternbriefe zu den Geschichten dieses Buches. Zu jeder einzelnen Geschichte stehen am Beginn einige kurze Erläuterungen zum Schwerpunkt der Geschichte sowie der Bedarf an Materialien, dann Informationen zum Hintergrund in biblisch-theologischer wie pädagogischer Perspektive und Erläuterungen zu den erzählerischen und spielerischen Entscheidungen. Auch die Ergründungsphase wird jeweils noch einmal gesondert reflektiert, ebenso wie es Verweise ins Curriculum der Kernbände von Godly Play gibt.

Im Aufbau ganz analog sind die Jesusgeschichten ausgearbeitet. Die erzählten Geschichten weiten dabei bewusst und begrüßenswerterweise das Jesusbild, das im stark liturgisch orientierten Godly Play Ansatz überwiegend präsentiert wird: Von Jesus als Gemeinschaftsstifter wird erzählt, von Jesus als Wundertäter und als Lehrer, als einem, der diskutiert, und schließlich von Jesu Leiden, Sterben und seiner Auferstehung – wobei dieser Begriff interessanterweise nicht in der Überschrift auftaucht, sondern von der „Begegnung auf neue Weise" gesprochen wird. Schließlich werden, anspruchsvoll wie anregend, Entstehungsgeschichten der berühmten Texte des NT betrachtet: Das Vaterunser, die Bergpredigt und der Johannesprolog sowie die vier Evangelien.

Lars Charbonnier

Vorschau 4/2018

• Wieviel Hoffnung braucht der Mensch?

• Kann man Hoffnung lernen?

• Hoffnung lesen

• Von der Hoffnung reden – aber wie?